Inhalt

Zur Einführung

Deutschlands Wirtschaft zählt zu den stärksten und stabilsten der Welt. Zusammen mit den USA, Kanada, Großbritannien, Frankreich, Italien, Japan und Russland bildet das Land die Gruppe der G-8-Länder, die für rund zwei Drittel des Welthandels steht. Solche und ähnliche nackte Wirtschaftsfakten sagen jedoch nichts über die Räume aus, in denen die Wirtschaft stattfindet. Dabei sind sie es, die das Leben des einzelnen Menschen bestimmen: Bietet die Heimatstadt einen angemessenen Arbeitsplatz? Ist die Region durch die Industrie zu sehr belastet? Halten sich Arbeits- und Freizeitwert vor der Haustüre die Waage?

Der Wirtschaftsraum innerhalb der deutschen Grenzen ist aus globaler Sicht relativ klein, dennoch ist er vielfältig gegliedert. Am auffälligsten sind das Süd-Nord- und das West-Ost-Gefälle. Aufgabe der Wirtschaftsgeographie ist es, die unterschiedlichen Segmentierungen zu untersuchen und darzustellen. Dies geschieht auf verschiedenen räumlichen und inhaltlichen Ebenen. So dominieren auf der gesamtstaatlichen Ebene bei den drei Wirtschaftssektoren die Dienstleistungen. Diese Aussage trifft auch noch auf der Ebene der Bundesländer zu. Doch innerhalb von Kreisen, Städten und Gemeinden sieht das Bild differenzierter aus: Eine Stadt im Ruhrgebiet und ein Dorf im östlichen Mecklenburg-Vorpommern könnten unterschiedlicher nicht sein. Beide Regionen haben ungleiche Standortqualitäten, die völlig verschiedene Unternehmen anziehen — oder eben überhaupt keine. Entsprechend ist Deutschlands Wirtschaftsraum ein Gebilde aus ökonomischen Zentren und Peripherien. Ausgleiche zwischen solchen Räumen werden durch Verbindungen geschaffen, seien es Straßen, Finanztransfers oder Zu- und Abwanderungen.

Dieses Buch stellt die wirtschaftsgeographischen Grundlagen dar, die jeder über das Land, in dem er lebt, kennen sollte. Einleitend lernt der Leser die Grundbegriffe der Wirtschaftsgeographie kennen. Darauf aufbauend folgen detaillierte Blicke auf die drei Wirtschaftssektoren Landwirtschaft, Industrie und Dienstleistungen. Die historische Entwicklung zeigt, wie Deutschland zu dem weltweiten Wirtschaftsfaktor werden konnte, der es heute ist. Bei einem geographisch und politisch so stark gegliederten Raum bleibt es nicht aus, dass sich räumliche Disparitäten herausbilden, auf die im Mittelteil des Buches eingegangen wird. Seit 1990 sind mit den Folgen der Wiedervereinigung zusätzliche Herausforderungen entstanden. Ein Blick auf die Haushaltseinkommen macht die Kluft zwischen West und Ost klar. Doch auch innerhalb des schwächeren Ostens entwickeln sich wirtschaftlich stärkere Kerne. Schließlich sind Wirtschaftsräume dynamische Systeme, die sich im ständigen Wandel befinden. Wer hätte vor einigen Jahrzehnten gedacht, dass das ursprünglich eher agrarisch geprägte Bayern zu einem Kern der Hightechindustrie werden würde? Alle diese auf den ersten Blick deutschlandinternen Prozesse sind von den weltweiten ökonomischen Entwicklungen abhängig. So analysiert das letzte Kapitel des Buches Deutschlands Stellung im globalen Wirtschaftsgeflecht. Erläutert werden zu Zeiten der Globalisierung die grenzüberschreitenden Vernetzungen deutscher Unternehmen. Ergänzt werden die Kapitel durch Fallstudien, die die Themen beispielhaft vertiefen.

1 Grundstrukturen von Wirtschaftsräumen

Es gibt viele Blickwinkel, einen Wirtschaftsraum zu betrachten: Ist der Raum in wirtschaftsstarke und -schwache Regionen gegliedert? Dominiert in ihm eher die Landwirtschaft, die Industrie oder sind es die Dienstleistungen, die ihm seinen Stempel aufdrücken? Neben nationalen und regionalen Strukturen können auf kleinster Ebene die Faktoren analysiert werden, die Unternehmen in ihrer Standortwahl beeinflussen. Wirtschaftsräumliche Strukturen sind aber keineswegs statisch, sondern höchst dynamisch. Ändern sich wichtige Rahmenbedingungen, so können sich auch Standorte, Branchen oder gar die gesamte Wirtschaftsstruktur innerhalb von wenigen Jahrzehnten wandeln.

1.1 Raum – Region – Standort

Um einen Wirtschaftsraum begreifen, analysieren und dessen Entwicklung verstehen zu können, bedarf es der Kenntnis standardisierter Fachbegriffe der Wirtschaftsgeographie. Sie sind grundlegende Bezugspunkte und bilden das Fundament, das auf allen Untersuchungsebenen auftaucht.

„Nach der heute vorherrschenden Lehrmeinung lässt sich die Wirtschaftsgeographie definieren als die Wissenschaft von der räumlichen Ordnung und der räumlichen Organisation der Wirtschaft. Ihre Objekte sind ökonomische Raumsysteme unterschiedlicher Maßstabsgröße. (…) Es ist Aufgabe der Wirtschaftsgeographie, Beiträge zur Erklärung, Beschreibung und Gestaltung ökonomischer Raumsysteme zu leisten.“

Ludwig Schätzl

Die Wirtschaftsgeographie untersucht den Wirtschaftsraum, also den Einfluss von Geofaktoren auf die Wirtschaft und deren Aktionsraum sowie die Zusammenhänge zwischen den einzelnen Geofaktoren. Die Beschreibung des Ist-Standes mündet in eine Raumanalyse, in der Strukturen, Interaktionen und Prozesse beschrieben und eventuell modellhaft dargestellt werden. So kann in einem Wirtschaftsraum eine Produktionskette untersucht werden: Er kann durch Ressourcen geprägt sein, durch eine Produktion, gegebenenfalls eine Produktionsverlagerung aus Lohnkostengründen ins Ausland, die Kooperation in Netzwerken, das Konsumentenverhalten und schließlich durch Umweltgesetze. Negative Entwicklungen regen dazu an, die Bedeutung von Standortfaktoren für Betriebsgründungen und das Anwerben von Arbeitskräften zu überdenken, Kundeneinzugsbereiche zu ermitteln und die Infrastruktur zu untersuchen.

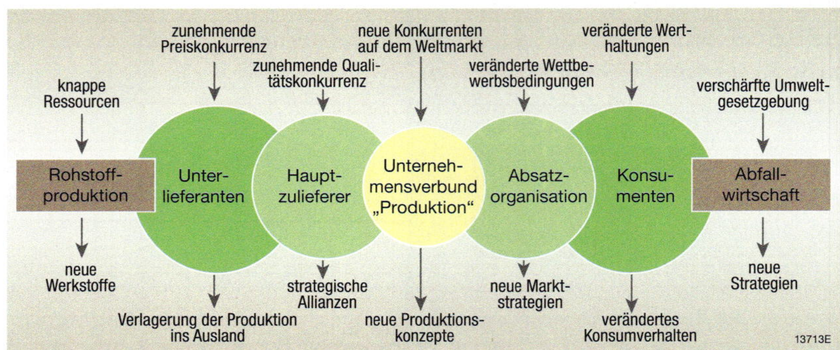

M 1: *Wirtschaftsraumprägende Produktionskette*

Im Wirtschaftsraum, der sich aus regional geordneten und organisierten Wirtschaften in einem Landschaftsraum zusammensetzt, handeln Menschen. Wirtschaftsgeographische Untersuchungen setzen unterschiedliche Akzente: Die einen konzentrieren sich auf Wirtschaftseinheiten, die anderen beziehen verstärkt das räumliche Verhalten von Menschen ein. Der Wirtschaftsraum wird von sozialen Prozessen geprägt, die sich durch das Agieren von Ökonomen ergeben. Sie initiieren Wirtschaftsprozesse innerhalb der Raumgegebenheiten. Die so entstehenden Strukturen haben Rückwirkung auf die Raumgestaltung.

Zudem unterscheidet die Wirtschaftsgeographie die einzelwirtschaftliche Ebene, bei der Standorte und Standortsysteme betrachtet werden, und die gesamtwirtschaftliche Ebene, bei der Räume und Raumsysteme im Mittelpunkt stehen. Der physikalisch verstandene Begriff Raum ist relativ neutral. Der bewirtschaftete Raum ist durch soziale, wirtschaftliche und politische Einflüsse geprägt. Dennoch wird der Begriff Region dem

Begriff Raum häufig vorgezogen, weil er eine feste Bezugsgröße hat, beispielsweise ein Oberzentrum als kreisfreie Stadt mit angrenzenden Landkreisen. Damit ist die Region administrativ und statistisch festgelegt.

Abweichend von dieser Festlegung spricht man von Industrieregionen, die entsprechend dem Industriebesatz raumwirtschaftlich begrenzt werden. Problematisch ist die Entscheidung, wie stark der Raum industriell genutzt wird, um ihn als Einheit abzugrenzen. Arbeitsmarktregionen wiederum legen Pendlerbeziehungen für die regionale Begrenzung zugrunde, um hinsichtlich der Besiedlung, des Konsumanspruchs und des Verkehrs planen zu können. Es gibt weitere Kriterien, nach denen Regionen abgegrenzt werden können. So könnten Räume nach Arbeitslosenquoten zusammengefasst werden. In der Realität werden derartige Quoten jedoch auf Kreise, Bezirke oder Bundesländer bezogen, das heißt auf administrativ festgelegte Gebiete.

Im Unterschied zu Regionen sind Standorte nicht flächenhaft, sondern punktuell. Wirtschaftsräume werden vorrangig als Standorte betrachtet, deren Substanz präzise ermittelt und gekennzeichnet werden können (im Gegensatz zum politisch verwendeten Begriff „Standort Deutschland"). Ein Unternehmer erkundigt sich nach dem Standort und nach den Standortbedingungen. Er könnte sich beispielhaft fragen: Eignet sich der Standort für eine Industrieansiedlung? Eignet sich die Bodenqualität für einen Landwirtschaftsbetrieb? Wie sieht die Verkehrsstruktur aus? Wo sitzen die Lieferanten und Kunden und kann ich sie schnell erreichen? Standorte werden auf der Maßstabsebene (Staat, Großregion, Region, Stadt, Stadtteil) unterschieden; man spricht von Mikro- und Makrostandorten. Die Dynamik und Struktur von Standorten unterliegt dabei diversen Einflüssen, beispielsweise Konsumenten, Lieferanten, Raumplanern, Politikern sowie den Gegebenheiten der Natur und Kultur.

1. Stellen Sie dar, was einen Wirtschaftsraum ausmacht.

2. Erläutern Sie, inwieweit die in M 1 gezeigte Produktionskette einen Wirtschaftsraum prägt.

3. Beschreiben Sie die Zusammenhänge zwischen Wirtschaftsraum und Standort.

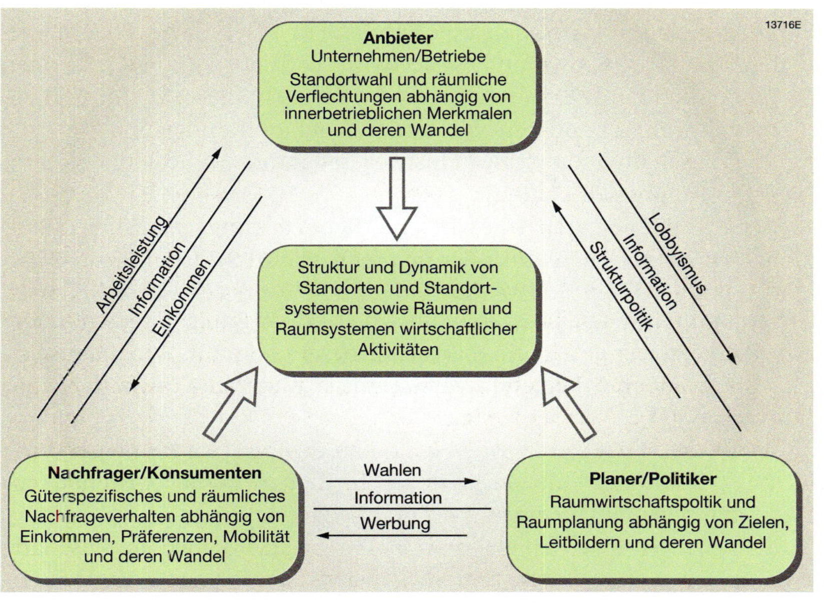

M 2: *Akteursgruppenansatz in der Wirtschaftsgeographie*

1.2 Sektorale Gliederung der Wirtschaft

Die wirtschaftliche Produktion unterscheidet drei Wirtschaftssektoren, den primären, den sekundären und den tertiären.

Systematik der Wirtschaftszweige
- *Landwirtschaft und Forstwirtschaft, Fischerei*
- *Produzierendes Gewerbe:*
  - *Bergbau und Gewinnung von Steinen und Erden*
  - *Verarbeitendes Gewerbe*
  - *Energie- und Wasserversorgung*
  - *Baugewerbe*
- *Dienstleistungsbereiche:*
  - *Handel, Reparatur von Kfz und Gebrauchsgütern, Gastgewerbe*
  - *Verkehr und Nachrichtenübermittlung*
  - *Kredit- und Versicherungsgewerbe*
  - *Grundstückswesen, Vermietung, Unternehmensdienstleister*
  - *Öffentliche Verwaltung, Verteidigung, Sozialversicherung*
  - *Erziehung und Unterricht, Gesundheits-, Veterinär- und Sozialwesen, sonstige öffentliche und private Dienstleister, häusliche Dienste*

Zur einfacheren Beschreibung werden einzelwirtschaftliche Aktivitäten verschiedenen Wirtschaftssektoren zugeordnet. Der primäre Sektor – die „Urproduktion" – setzt sich zusammen aus Land- und Forstwirtschaft sowie Fischerei. Er wird als primär bezeichnet, weil er den sekundären Sektor mit Rohstoffen versorgt, die dieser weiterverarbeitet. Der Sekundärsektor umfasst laut Definition des Statistischen Bundesamts alle Wirtschaftszweige des produzierenden Gewerbes (Bergbau, Industrie, Handwerk, Baugewerbe). Alle Bereiche der Wirtschaft, die keine Rohstoffe oder Sachgüter produzieren oder verarbeiten, sondern Privatpersonen und Unternehmen Dienstleistungen anbieten, zählen zum tertiären Sektor (Handel, Verkehr, Finanzwesen, Gesundheitswesen, Bildung und öffentliche Dienste). Er stellt immaterielle Güter her, zu denen etwa Beratungen, Dienste, Hilfen und Vermittlungen zählen. Mitunter spricht man auch von einem quartären Sektor, dem als Teil des tertiären Sektors hochrangige Dienstleistungen (z.B. Rechtsanwälte, Informationsdienstleistungen, Hochtechnologie) zugeordnet werden.

Die Wirtschaftsstruktur, also die Bedeutung und der Anteil der jeweiligen Sektoren an der Gesamtwirtschaft, hat sich im Laufe der Geschichte stark gewandelt. Sie kann als Verteilung der Erwerbstätigen auf die Sektoren und als Anteil der jeweiligen Sektoren an der gesamten Wertschöpfung gemessen werden. Erstmals beschrieb und erklärte Jean Fourastié im Jahr 1954 in der Sektoren-Theorie grundlegende langfristige Veränderungen in Wirtschaft und Gesellschaft. Nach dieser Theorie verschieben sich die Schwerpunkte der wirtschaftlichen Tätigkeit in allen Gesellschaften zunächst vom primären zum sekundären Sektor und anschließend vom sekundären zum tertiären Sektor. Damit wandelten sich Agrargesellschaften zuerst in Industriegesellschaften und schließlich in Dienstleistungsgesellschaften.

In Deutschland hat sich die wirtschaftliche Leistung tatsächlich immer mehr vom primären Sektor über den sekundären Sektor (Industriezeitalter) zum tertiären Sektor (postindustrielle Zeit) verlagert. Der wirtschaftliche Profit hängt ab von der Arbeitsbereitschaft, -fähigkeit und -qualifikation, von der Maschinenqualität (Produktionsschnelligkeit und -genauigkeit), von der Führungsqualität des Unternehmers, von der

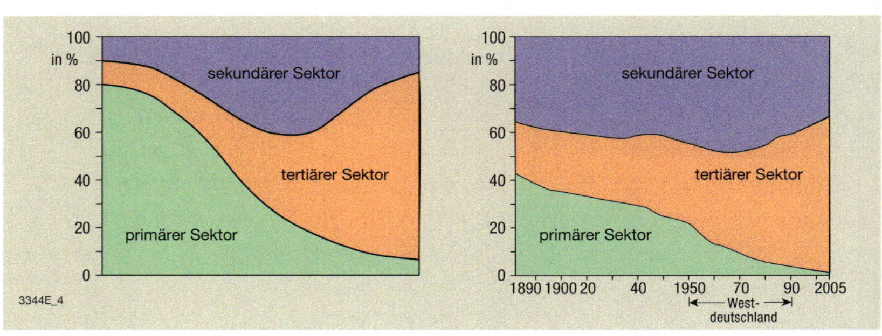

M 1: *Entwicklung der Beschäftigtenanteile der Wirtschaftssektoren: Modell nach Fourastié, Deutschland 1882 – 2005*

Organisation, von der Kommunikation im Arbeitsteam und nicht zuletzt von der Arbeitszeit und der Entlohnung. Dies führte bei gleichzeitig steigendem Umsatz zu einer abnehmenden Anzahl der Arbeitskräfte im produzierenden und verarbeitenden Sektor. So ersetzte eine verbesserte Technik und Automatisierung im Arbeitsprozess manuelle Tätigkeiten. Gefragt sind heute hoch qualifizierte Mitarbeiter, die entweder in der Forschung kreativ sind oder die Überwachung von Geräten übernehmen, um gegebenenfalls in stockende Arbeitsprozesse reparierend und regulierend einzugreifen.

Mit zunehmender Technisierung und der Entwicklung und Nutzung technisch modernster Geräte gewann aber vor allem auch der Dienstleistungssektor eine immer größere Bedeutung. Mit zunehmendem Einkommen und Lebensstandard wurde der Mensch bequemer und anspruchsvoller und nahm immer mehr Dienste in Anspruch. Um die wirtschaftliche Leistung zu erhöhen, bedarf es einer kreativen Forschungs- und Entwicklungsabteilung (FuE), denn der neueste Schub wird durch Informations- und Kommunikationstechnologien (IKT) markiert. Die IKT erleichtern die Vernetzung und ermöglichen damit die Globalisierung.

Vertreter der klassischen Drei-Sektoren-Theorie hatten allerdings erwartet, dass die im primären und sekundären Sektor überflüssig werdenden Arbeitskräfte vom tertiären Sektor aufgefangen würden, da hier durch Automatisierung nur bedingt Produktivitätssteigerungen möglich sind. Doch mittlerweile hat sich gezeigt, dass gerade die Fortschritte der Informationstechnologie gewaltige Rationalisierungen (etwa bei Banken und Versicherungen) nach sich zogen. Damit ist die Bekämpfung der Arbeitslosigkeit zur großen Herausforderung der Industrieländer geworden.

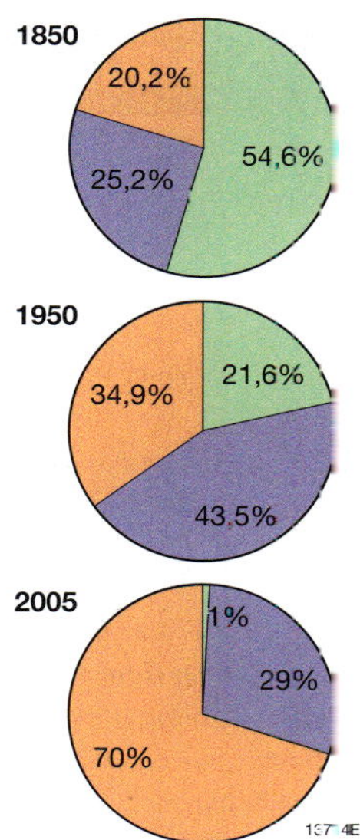

M 2: *Anteil der Wirtschaftssektoren am deutschen Bruttoinlandsprodukt*

Aufgrund der Abhängigkeit vom Produktionsfaktor Boden dominiert der primäre Sektor in kleinen Siedlungen des ländlichen Raumes. Mit zunehmender Siedlungsgröße ist die Effizienz, definiert als Produktivität pro Flächeneinheit, für den sekundären und tertiären Sektor größer. Für sekundäre Aktivitäten besteht erst ab einer gewissen Mindestverdichtung eine ausreichende Effizienz, die dann stark ansteigt und in sehr großen Städten wieder absinkt (z.B. aufgrund zu hoher Standortkosten und konkurrierender Dienstleistungsaktivitäten mit höherer Flächenproduktivität). Die Effizienz der Dienstleistungen erhöht sich mit der Zunahme der Siedlungsgröße; in Großstädten sind auch hochproduktive quartäre Aktivitäten in großen Marktgebieten zu finden.

Die Effizienzüberlegungen lassen sich auch als siedlungsgrößenabhängige Beschäftigtenanteile der Sektoren interpretieren. In kleinen Orten besitzt die Landwirtschaft große Anteile, und es sind dort auch einfachere konsumentenorientierte Dienste sowie Handwerksaktivitäten zu finden. (…) Mit zunehmender Ortsgröße sinkt der Anteil landwirtschaftlich Beschäftigter stark. Mittelgroße Städte werden durch gewerblich-industrielle Aktivitäten (Handwerk, Industrie) geprägt, aber es befindet sich dort auch ein vielfältiger Dienstleistungsbereich. In Großstädten dominieren schließlich der tertiäre und quartäre Sektor. Dort sind neben konsumentenorientierten (z.B. differenziertes Einzelhandelsangebot) und öffentlichen Einrichtungen (u.a. Universitäten) auch hochrangige staatliche Institutionen (z.B. Landesregierungen) und unternehmensorientierte Dienstleister (Banken, Wirtschaftsberatung) angesiedelt.

M 3: Quellentext zur Verteilung der Wirtschaftssektoren auf standörtlicher Ebene
Kulke, E.: Wirtschaftsgeographie, 2008

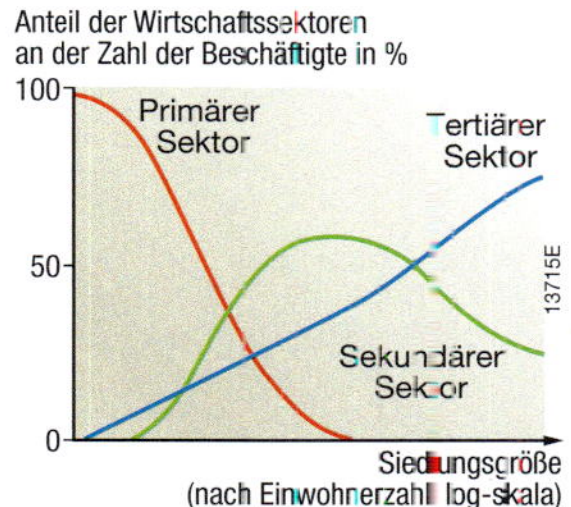

M 4: *Sektorale Prägung nach Siedlungsgröße*

1. *Erörtern Sie die Entwicklung der Wirtschaftssektoren in Deutschland.*

1.3 Standortwahl und Standorttheorie

Die Wahl eines Betriebsstandorts ist nicht nur von wirtschaftlichen Überlegungen abhängig. Eine Reihe von Theorien versucht auch andere Faktoren heranzuziehen, zum Beispiel individuelle Motive und zeitliche Entwicklungen.

Klima, Boden, Vegetation, Bevölkerung, Siedlung, Kultur und Wirtschaften werden als Geofaktoren bezeichnet. Die Untersuchung der Geofaktoren ist der erste Schritt, um deren Bedeutung für den Wirtschaftsraum und etwa für die Ansiedlung eines Unternehmens zu bewerten. Geofaktoren sind also zugleich Standortfaktoren.

In der Volkswirtschaft werden drei Produktionsfaktoren unterschieden: Boden, Arbeit und Kapital, unter das auch der Mensch als Humankapital fällt. Die Wirtschaftsgeographie untersucht die Folgen, die sich aus der Nutzung der Produktionsfaktoren ergeben. Arbeit wird zum Beispiel benötigt, um Rohstoffe zu gewinnen oder weiter zu verarbeiten. Heute wird der Faktor Humankapital anders bewertet als etwa im Frühkapitalismus des 19. Jahrhunderts (u. a. Arbeitsschutz, Gewerkschaft, Sozialversicherung, Arbeitszeit). Mit zunehmender Globalisierung wird die Arbeit immer stärker in Prozesse unterteilt, die mitunter räumlich weit getrennt voneinander ablaufen – je nach Kundschaft, Lohnniveau, Arbeitsbedingungen, Regierungssystem oder Handelspartner. Das Humankapital wird immer stärker nach Qualifikationen differenziert. Für einfache Arbeitsprozesse erfolgt eine Auslagerung (Outsourcing) in Billiglohnländer, während die Endmontage, Kontrolle und Forschung im Heimatland – oftmals Sitz der Verwaltung und Konzernspitze – zentriert bleiben.

Alle Betriebe, ob in der Landwirtschaft, der Industrie oder den Dienstleistungen sind an einen Standort gebunden. Die Lage dieses Standortes ist nie zufällig, sondern unterliegt einer Wahl, die meist gezielt und bewusst getroffen wird. Sie ist an bestimmte Kriterien gebunden, von denen die meisten mit Theorien erklärt werden können. Man unterscheidet Standortstrukturtheorien, betriebliche Standorttheorien, verhaltensorientierte Standorttheorien und dynamisch-zyklische Standorttheorien. Allen Theorien gemeinsam ist, dass mit ihnen jeweils nur einzelne Prozesse bei der Standortwahl erklärt werden können. Eine alles umfassende Standorttheorie wird es nie geben können.

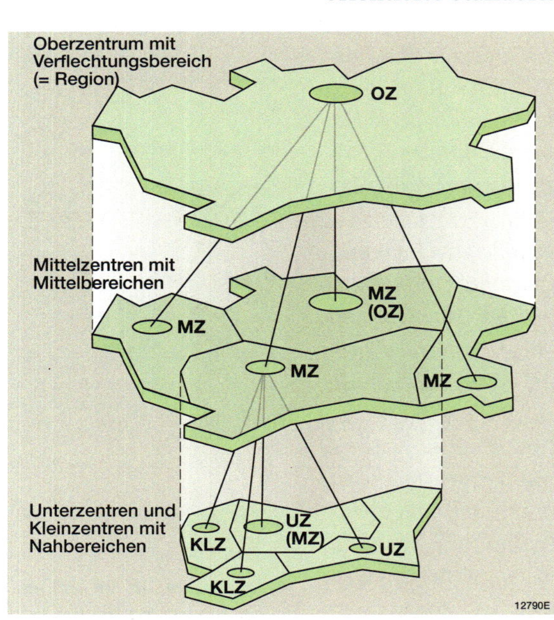

M 1: *Konzept der Zentralen Orte nach Christaller*

Bereits 1826 stellte Johann Heinrich von Thünen seine Theorie der Thünen'schen Ringe auf. Sie stellt die Standortwahl eines landwirtschaftlichen Betriebs in Zusammenhang mit den Kosten für den Transport der produzierten Güter zum Markt (vgl. Kapitel 2.1). Diese Theorie zählt zu den Standortstrukturtheorien, wie auch die Theorie der zentralen Orte von Walter Christaller aus dem Jahr 1933: Ein zentraler Ort bietet dabei mehr Waren und Dienstleistungen an als er selbst benötigt. Dadurch bekommt er gegenüber seinem Umland einen Bedeutungsüberschuss, sodass Orte unterschiedlich ausgeprägter Zentralität entstehen.

Zu den frühen Standorttheorien aus der Sicht eines einzelnen Betriebes zählt die von Alfred

Weber von 1909, der wie Thünen die Minimierung der Transportkosten in den Mittelpunkt seiner Überlegungen stellte. Demnach siedelt sich ein Industriebetrieb dort an, wo zwischen Rohstoffvorkommen und Absatzmarkt am kostengünstigsten produziert werden kann. Sind die Materialkosten durch große Verluste an Mengen, Gewicht und Wert bei der Verarbeitung der entscheidende Standortfaktor, so wird der Produktionsstandort dicht an den Rohstoffquellen angesiedelt (rohstofforientiert). Sind jedoch die Transportkosten gering, wird die Absatzlage zur bestimmenden Einflussgröße und der Standort rückt näher an den Absatzmarkt (marktorientiert). So einfach mag das in der Zeit der frühen Industrialisierung gewesen sein. Im letzten Jahrhundert hat sich die wirtschaftliche Landschaft jedoch gewandelt und mit ihr Standortwahl und Standorttheorien.

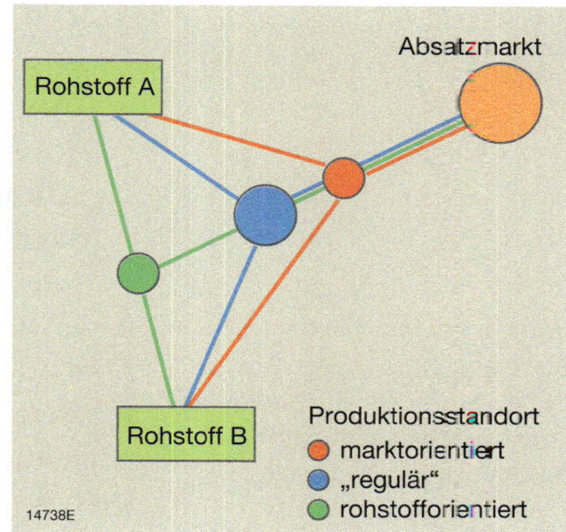

M 2: *Standorttheorie von Weber*

Aus der Mitte der 1960er-Jahre stammt eine dynamisch-zyklische Standorttheorie. Bei der Produktlebenszyklustheorie ist die Standortentwicklung auch der Zeit als dynamischem Faktor unterworfen: Ein Produkt durchläuft verschiedene Alterungsprozesse, in denen der herstellende Betrieb unterschiedliche Standortansprüche stellt und seinen Standort entsprechend verändern kann. Bei der Einführung eines Produkts sind zum Beispiel Fachpersonal und Zulieferer wichtig, sodass der Standort im Heimatland angemessen erscheint. In der Wachstumsphase orientiert sich das Unternehmen auch ins Ausland. Billige Arbeitskräfte und kostengünstige Produktionsbedingungen gewinnen nun an Wert, eine Standortverlagerung ins Ausland ist denkbar.

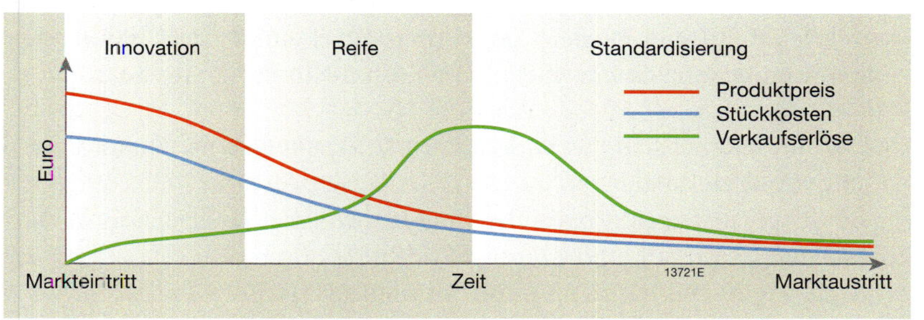

M 3: *Produktlebenszyklustheorie*

M 4: Quellentext über die Problematik von Standorttheorien

Haas, H.-D., Neumair, S.-M.: Wirtschaftsgeographie, 2007

Die [traditionellen] *Erklärungsansätze der Standortforschung unterstellen dem Handelnden, dass er sich nach den Prinzipien des homo oeconomicus verhält, also über vollständige Information verfügt, ausschließlich rationale Entscheidungen trifft und stets nach Gewinnmaximierung strebt (...). Auf den Sachverhalt, dass diese modellhaften Annahmen realitätsfern sind, menschliches Handeln nicht immer dem Ziel einer wirtschaftlichen Optimierung folgt, sondern auch subjektiv zufriedenstellende Ergebnisse in Kauf genommen werden (...), hat schon in den 1960er-Jahren Allan Pred hingewiesen.* [Bei ihm stehen] *im Mittelpunkt aller ökonomischen Überlegungen und Verhaltensweisen (...) das Individuum sowie seine Werte, Motive, Präferenzen und Wahrnehmung. Darüber hinaus verfügt kein Mensch – also auch kein Unternehmen und dessen Entscheidungsträger – über vollständige Informationen. Bezogen auf die Standortentscheidungen eines Unternehmen bedeutet dies, dass die betreffenden Entscheidungsträger zu keinem Zeitpunkt vollkommene Informationen über alle denkbaren Standortalternativen haben.*

1. *Geben Sie in tabellarischer Form einen Überblick zu den vorgestellten Standorttheorien.*
2. *Beschreiben Sie in eigenen Worten die Produktlebenszyklustheorie.*

1.3.1 Standortfaktoren

Aus Sicht eines Unternehmens war früher eine Region dann ein guter Standort, wenn die wirtschaftlichen Rahmenbedingungen stimmten. Heute haben die Lebensqualität und das Image eines Standorts eine wesentliche Bedeutung bei der Standortwahl.

Standortfaktoren sind solche Merkmale eines geographischen Ortes, die ihn für die Durchführung einer industriellen Produktion attraktiv machen.

Karl Christian Behrens

Bevor sich ein Betrieb an einem Ort ansiedelt, werden die dortigen Konditionen für diesen Betrieb unter die Lupe genommen und bewertet. Diese müssen zwei Bedingungen erfüllen, um als relevante Standortfaktoren zu gelten. Erstens muss der Standortfaktor Einfluss auf die Kosten des Betriebes haben. Es muss am Ort zum Beispiel billiger produziert werden können als anderswo oder zeitliche Vorteile geben. Zweitens muss jeder Standort eigene räumliche Eigenschaften haben. Er muss sich also hinsichtlich der Größe, seines Preises und der Qualität erkennbar von anderen Standorten unterscheiden.

Standortfaktoren werden in harte und weiche Faktoren unterteilt. Harte Standortfaktoren sind mehr oder weniger kalkulierbar und schlagen sich unmittelbar in der Bilanz eines Unternehmens nieder. Beispiele für klassische harte Standortfaktoren sind regionale Märkte (u. a. qualifizierte Arbeitskräfte, Lohnhöhe, Immobilien- und Grundstückspreise, Verfügbarkeit von Fläche, Rohstoffversorgung), die öffentlichen Finanzen (Steuern, Subventionen, öffentliche Leistungen) und die Infrastruktur (Verkehrswege und -anbindung, Kommunikation, Ver- und Entsorgung), ohne die eine wirtschaftliche Entwicklung nicht möglich ist. Weiche Standortfaktoren sind nur schwer quantifizierbar und haben nur indirekte Effekte auf den Betrieb. Sie werden durch subjektive Präferenzen geprägt und lassen keine unmittelbare Kosten-Nutzen-Analyse zu.

Auf jeden Punkt der Erdoberfläche wirkt eine Vielzahl verschiedenster Einflussgrößen – physische, ökonomische, politische, kulturelle usw. –, die die Entwicklung des zu gründenden Betriebes entscheidend positiv oder negativ steuern. Solche Einflussgrößen nennt man Standortfaktoren.

Wolfgang Brücher

Standortfaktoren sind die maßgeblichen Determinanten der Standortwahl, d. h. die variablen standortspezifischen Bedingungen, Einflüsse und Kräfte, welche sich positiv und negativ auf Anlage und Entwicklung eines Betriebes auswirken. Sie sind als wirtschaftliche Vor- und Nachteile zu verstehen, die sich bei der Niederlassung eines Betriebes an einem bestimmten Standort einstellen.

Hans-Dieter Haas und Simon-Martin Neumair

Harte Standortfaktoren	Weiche Standortfaktoren
– Rohstoffversorgung – Ver- und Entsorgung – Angebot an Flächen und Immobilien – Verkehrsinfrastruktur – Nähe zu Forschungseinrichtungen – Energiekosten – Arbeitskräfte (Quantität, Qualität, Lohnniveau) – Bodenpreis / Immobilienpreis – Marktvolumen – Kaufkraft – Verfügbare Dienstleistungen – Umweltauflagen – Persistenz – Steuern / Abgaben – Staatliche / Kommunale Vergünstigungen – Agglomerationsvorteile / Fühlungsvorteile – politische, ökonomische, soziale Stabilität – Klima	**– personenbezogen** • Wohnqualität (Mieten, Verkehrsanbindung) • Freizeitwert und Naherholungsmöglichkeiten • Bildungs- und Fortbildungsangebot • Kulturelles Angebot • Medizinische Versorgung • Einkaufsmöglichkeiten • Umweltqualität (landschaftliche Schönheit, ökologische Situation) • Mentalität der Bevölkerung (soziale Offenheit, Kinder- und Gastfreundlichkeit etc.) **– unternehmensbezogen** • Image des Standorts • Wirtschaftsklima und Unternehmensfreundlichkeit

M 1: *Harte und weiche Standortfaktoren*

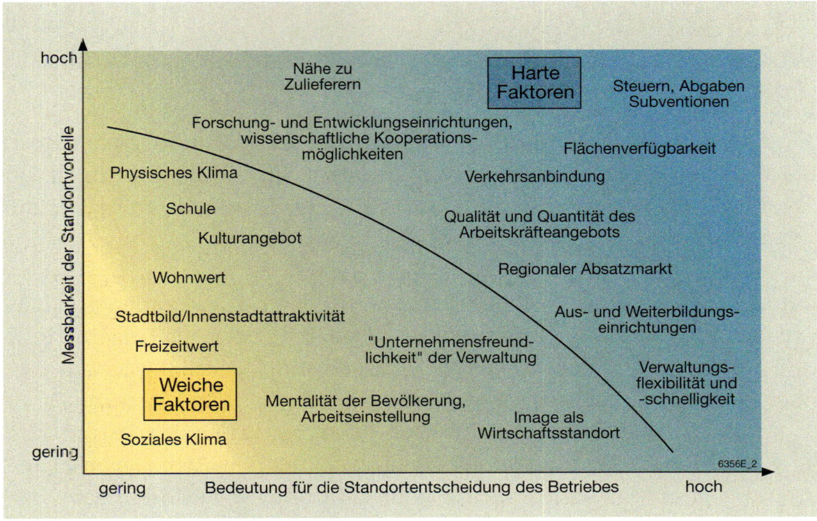

M 2: *Die Bedeutung von Standortfaktoren am Beispiel der Hightechindustrie*

Die weichen Standortfaktoren können in unternehmensorientierte und personenbezogene Faktoren gegliedert werden. Weiche unternehmensorientierte Standortfaktoren haben einen indirekten Effekt auf die Standortwahl. Zu ihnen zählen etwa das Image einer Region und das Wirtschaftsklima. Personenbezogene Faktoren haben Einfluss auf die Arbeitsmotivation und den Wohnstandort. Wie steht es am Standort zum Beispiel um Freizeitmöglichkeiten, Umweltbelastung, Miethöhe und das Angebot an allgemein bildenden Schulen und kulturellen Einrichtungen? Dieser individuelle „Wohlfühleffekt“ als Folge der wirtschaftlichen Situation und des Lebensraumes wird immer wichtiger, denn er beeinflusst die Leistungsbereitschaft und -fähigkeit am Arbeitsplatz. Deshalb achten Unternehmer auf die Qualität weicher Standortfaktoren, da sich Arbeitnehmer bei der Wahl ihres Arbeitsplatzes fragen, ob der Verdienst ein angemessenes Auskommen bietet und wie aufwendig die tägliche Anfahrt zur Arbeitsstelle in der Großstadt ist.

Neben den Arbeitnehmern haben aber auch die Konsumenten und Nachfrager Einfluss auf den Unternehmensstandort. Dies ist insbesondere im Dienstleistungssektor von entscheidender Bedeutung, in dem Anbieter und Nachfrager häufig auf direkte Interaktion angewiesen sind.Schließlich tragen auch die Planer und Politiker mit denen ihnen zu Verfügung stehenden Instrumenten dazu bei, welche Unternehmen sich wo ansiedeln. Sie können durch gezielte Anreizmittel (Bereitstellung von Flächen, Subventionen, Steuernachlässe etc.), Infrastruktur- und Arbeitsmarktpolitik und Informationskampagnen Unternehmen anlocken oder durch zu viel Bürokratie (z.B. bei Genehmigungsverfahren) und Auflagen verschrecken.

Besonders bei multinationalen Konzernen findet die Standortwahl auf verschiedenen Ebenen statt: Auf der Makroebene geht es darum, das Land mit den günstigsten Bedingungen zu finden. Auf der Mesoebene werden Teilräume des Landes analysiert, um schließlich auf der Mikroebene den passenden Standort innerhalb der passenden Region und schließlich der Stadt ausmachen zu können. Die Standortwahl eines Unternehmens wird auch von räumlichen Verflechtungen geprägt. Wo sind Rohstoffquellen? Wo sitzen Kunden und Konkurrenten? Welche Betriebe eignen sich für ein Netzwerk?

Die Bedeutung harter Standortfaktoren wie Infrastruktur und / oder Subventionen verliert umso mehr an Bedeutung, je mehr Staaten bzw. Regionen sie anbieten, andererseits wird die Bedeutung weicher Standortfaktoren wie Image oder Lebensqualität zur Anziehung neuer Industrie oft überschätzt.

Eike W. Schamp

1. *Fassen Sie wesentliche Unterschiede zwischen harten und weichen Standortfaktoren zusammen.*
2. *Erläutern Sie, warum weiche Standortfaktoren an Wichtigkeit zugenommen haben.*
3. *Beurteilen Sie, wie wichtig die richtige Standortwahl für ein Unternehmen ist.*

1.4 Strukturwandel

Die Wirtschaftsgeographie betrachtet nicht nur die Strukturen wirtschaftlicher Räume, sondern auch ihre Entwicklungen im zeitlichen Verlauf. Dieser wirtschaftliche Strukturwandel ist zugleich Folge und Bedingung wirtschaftlichen Wachstums.

Der Begriff Strukturwandel beschreibt die stetigen, anhaltenden und irreversiblen Veränderungen einer Volkswirtschaft, bei der sich einzelne Teile und Sektoren verschieben, weil sie unterschiedlich schnell wachsen. Der marktwirtschaftliche Wettbewerb ist der Motor des Strukturwandels. Er ist eng verknüpft mit dem wirtschaftlichen Wachstum und hat meist einschneidende Folgen für den Arbeitsmarkt. Keineswegs beruht er auf konjunkturellen Schwankungen, sondern auf veränderter Nachfrage, technischem Fortschritt, Wandel der Preise und der verfügbaren Ressourcen, aber auch auf Verschiebungen in der internationalen Arbeitsteilung. Grundsätzlich können ein sektoraler, intrasektoraler und regionaler Strukturwandel voneinander unterschieden werden.Der sektorale Strukturwandel steht für die ökonomischen Umbrüche im Verhältnis der großen Wirtschaftsektoren, also der Übergang von der Agrar- in eine Industrie- und schließlich in eine Dienstleistungsgesellschaft. Aufgrund der zunehmenden Bedeutung der Informationstechnologie spricht man heute auch oft von einem Strukturwandel zur Informationsgesellschaft. Diese Entwicklung, die durch die Sektorentheorie (vgl. 1.2) quasi gesetzesmäßig postuliert wurde, ist tatsächlich in vielen sich wirtschaftlich positiv entwickelnden Staaten zu beobachten gewesen und weiter zu beobachten.

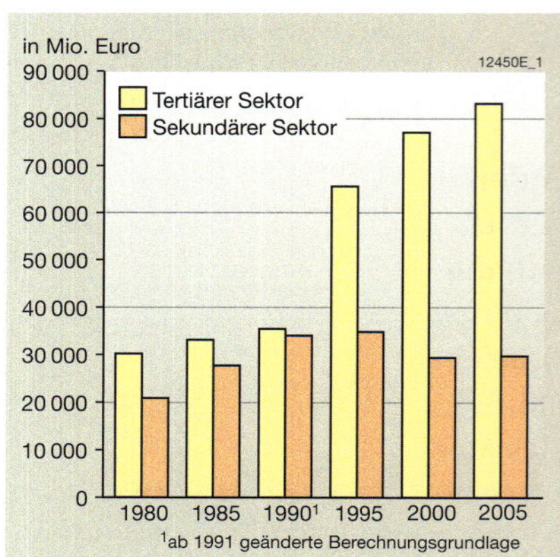

M 1: *Bruttowertschöpfung im Ruhrgebiet (1980–2005)*

M 2: Quellentext zu den Ursachen des Strukturwandels nach der Drei-Sektoren-Hypothese

Haas, H.-D., Neumair, S.-M.: Wirtschaftsgeographie, 2007

Für den sektoralen Strukturwandel (...) existieren zwei Gründe: Aus angebotsorientierter Perspektive gilt der technische Fortschritt als strukturbestimmend. Im primären Stadium, im dem der Agrarsektor dominiert, wirkt sich dieser vergleichsweise nur mäßig aus. Im sekundären Stadium, für das die handwerkliche und industrielle Sachgüterproduktion maßgeblich ist, führen erhebliche technologisch-fortschrittlich bedingte Produktivitätssteigerungen zur Freisetzung von Arbeitskräften. Diese werden dann im tertiären Stadium vom Dienstleistungssektor aufgenommen, der eher personalintensiv und somit weniger fähig ist, den technischen Fortschritt dadurch zu steigern, dass Arbeit durch Kapital substituiert wird.

Aus nachfrageorientierter Perspektive betrachtet löst die Einkommenselastizität der Nachfrage den Strukturwandel aus. Sie verschiebt sich von Nahrungsmitteln über Gebrauchsgüter und höherwertige Industrieprodukte hin zu Dienstleistungen. So gesehen haben Regionen mit hohem Tertiärisierungsgrad den Strukturwandel praktisch abgeschlossen. (...) In Industrieländern gilt (...) allgemein: Je größer die Branchenvielfalt in einer Region ist, umso schneller und erfolgreicher wird der strukturelle Wandel bewältigt. Je einseitiger diese jedoch ausfällt – z. B. im Falle von Monostrukturen wie der Stahl-, Werft- oder Textilindustrie etc. -, desto wahrscheinlicher und schneller altern Regionen und ihre Industrien.

Aber nicht nur zwischen den Sektoren, sondern auch innerhalb der Sektoren kommt es zu Verschiebungen in der Organisationsstruktur (intrasektoraler Wandel). So gibt es einen Trend, dass besser qualifizierte Arbeitskräfte immer mehr Beschäftigungsanteile hinzugewinnen. Innerhalb des Dienstleistungssektors rechnet man in der Zukunft mit Beschäftigungseinbußen beim Handel und Verkehr, während voraussichtlich die übrigen Dienstleistungen weiterhin kräftige Beschäftigungsgewinne verzeichnen können.

Schließlich verändern sich die ökonomischen Strukturen auch innerhalb regionaler Wirtschaftsräume. Dabei ist dieser regionale Strukturwandel oft die Folge sektoralen Strukturwandels. Dies ist besonders dann der Fall, wenn in ihrer Entwicklung stagnierende oder schrumpfende Branchen in einer Region gehäuft auftreten. Klassisches Beispiel ist das Ruhrgebiet, das sich von einer Schwerindustrieregion zu einem Zentrum für High-Tech-Industrien und moderne Dienstleistungen entwickelt hat. Neben wirtschaftlichen Ursachen kann ein regionaler Strukturwandel auch politische, soziale oder ökologische Gründe haben.

In der Vergangenheit führten immer wieder Erfindungen und die durch sie ausgelösten Basisinnovationen zu wirtschaftlichem Aufschwung, der zugleich einen Abschwung der traditionellen Industriezweige und Standorte nach sich zog. Der russische Wirtschaftswissenschaftler Nikolai Dmitrijewitsch Kondratjew (1882 – 1938) erkannte, dass diese Innovationsprozesse wellenförmige Phasen wirtschaftlichen Auf- und Abschwungs auslösen. Die Kondratjew-Wellen können sich über mehrere Jahrzehnte erstrecken. In letzter Zeit scheinen sie sich aber durch schneller aufeinander folgende Basisinnovationen zu verkürzen.

Im Laufe der Zyklen kommt es auch zu einer geographischen Standortverlagerung. Durch eine Basisinnovation bilden sich neue Wachstumsregionen heraus, während die alten Zentren an Bedeutung verlieren. Ebenso wie ein Produkt kann eine Region so einen Lebenszyklus durchlaufen, in dem Einkommen, Beschäftigung und Wohlstand zuerst zu- und später wieder abnehmen.

Strukturwandelprozesse:
- *Übergang von der Industrie- zur Wissensgesellschaft*
- *Verschiebung des ökonomischen Schwerpunktes von industrieller Massenproduktion zu flexiblen, spezialisierten Produktionssystemen*
- *Globalisierung wirtschaftlicher Prozesse bei gleichzeitiger Bildung regionaler Unternehmenskonzentrationen und Aufwertung regionaler Bezüge*
- *Ausbreitung regionaler und supranationaler Integrationssysteme (z.B. EU)*
- *Transformation der Wirtschaftssysteme in den ehemaligen sozialistischen Staatshandelsländern*
- *Übergang zu einer nachhaltigen Modernisierung der Wirtschaft.*

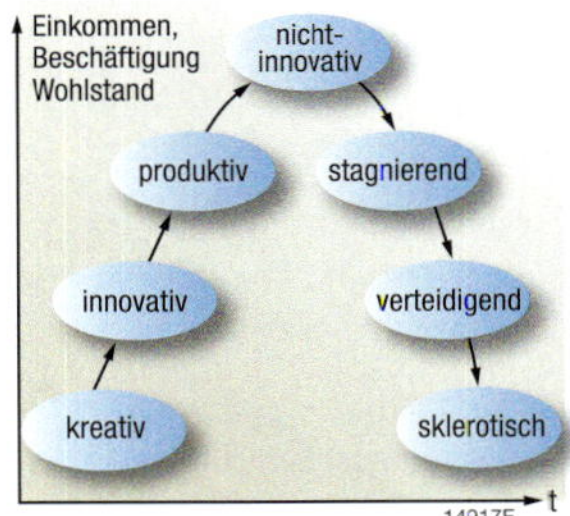

M 3: *Phasen des regionalen Lebenszyklus*

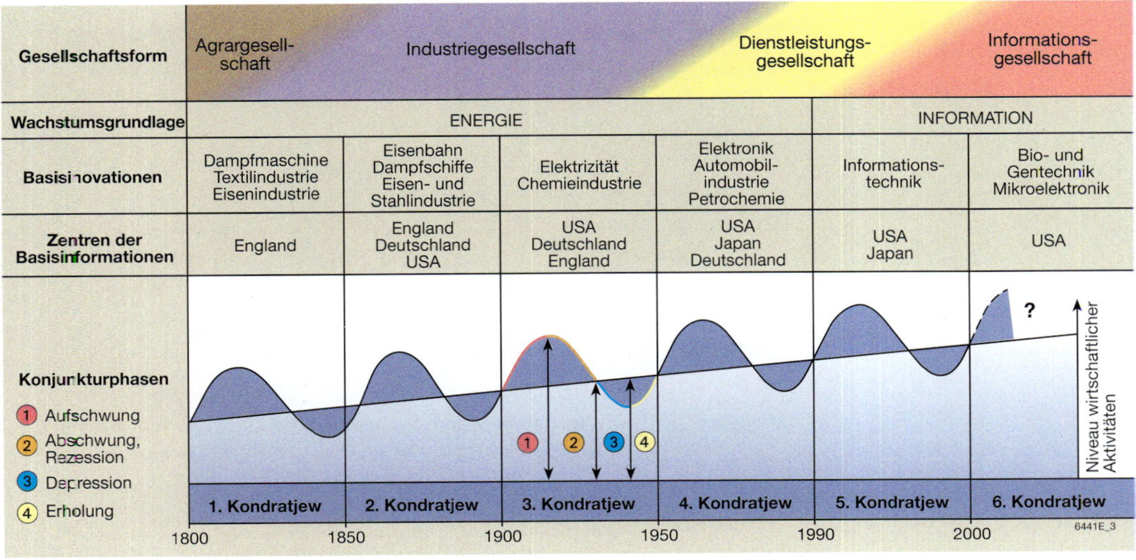

M 4: *Kondratjew-Zyklen: Basisinnovationen geben den Anstoß für Industrialisierungszyklen*

1.4

M 1: Quellentext zu den Schwerpunktverlagerungen der industriellen Produktion

Eich-Born, M.: Deutschlands Regionen zwischen Strukturwandel und Strukturbruch. Praxis Geographie 2/2005

Oftmals geht mit intrasektoralen Schwerpunktverlagerungen (von einer alten zu einer neuen Industrie) eine geographische Schwerpunktverlagerung einher. Die erste Welle etablierte die Textilindustrie in Deutschland u.a. in Oberfranken. Die zweite Welle legte den Grundstein für das Industriegebiet an der Ruhr, die dritte Welle etablierte die Automobilindustrie mit einem Schwerpunkt in Baden-Württemberg, die vierte Welle die Elektronik im Großraum München, die fünfte Welle begünstigt wiederum München, daneben Heidelberg und das Rheinland.

Im Zeitalter der Globalisierung vermag eine am Ursprungsstandort im Abschwung befindliche Industriebranche Aufschwünge in anderen Regionen zu erzeugen, in denen ein Markt für das Produkt nachholend erschlossen werden kann. So ist Südostasien heute ein begehrter Standort besonders für lohnkostenintensive Produktion. (...) In den Ursprungsländern können dagegen nur Basisinnovationen und deren Transfers in vollkommen neue und grundsätzlich veränderte Produkte wieder Aufschwünge erzeugen. Die Kunden dieser Wirtschaftsräume haben ihre Anforderungen an Produkte seit den 1970er-Jahren stark verändert. Zunehmender Wohlstand brachte die Abkehr von standardisierten Massenprodukten mit sich. Gefordert sind heute Produkte, die spezifischen individuellen Ansprüchen Genüge leisten. Das setzt eine flexible Produktionstechnologie voraus, die der Nachfrage nach einem Produkt in unterschiedlichen Varianten gerecht werden muss.

1. *Interpretieren Sie die Entwicklung der Bruttowertschöpfung im Ruhrgebiet (Seite 14, M 1) vor dem Hintergrund eines Strukturwandels.*
2. *Fassen Sie den Quellentext (Seite 14, M 2) in eigenen Worten zusammen.*
3. *Erörtern Sie die Zusammenhänge zwischen den Produktionskonzepten in der Automobilindustrie (M 2) und einem Strukturwandel.*

Die Automobilbranche ist ein Beispiel für die Entwicklung von der fordistischen Massenproduktion zu der heute weit verbreiteten flexiblen Spezialisierung (Postfordismus). Bei den neuen Produktionskonzepten beschränkt sich ein Unternehmen nur auf seine Kernkompetenzen, im Automobilbau neben Forschung und Entwicklung, Werbung und Vermarktung nur noch Karosseriebau und Montage. Alle übrigen Tätigkeitsfelder wurden ausgelagert. Dabei entstand ein pyramidales System von Zulieferern und Subzulieferern, die sich nicht mehr in unmittelbare Nähe des Herstellers befinden, sondern über die ganze Welt verteilt sind. Der Montagebetrieb hält nur noch mit wenigen Modulherstellern direkten Kontakt.

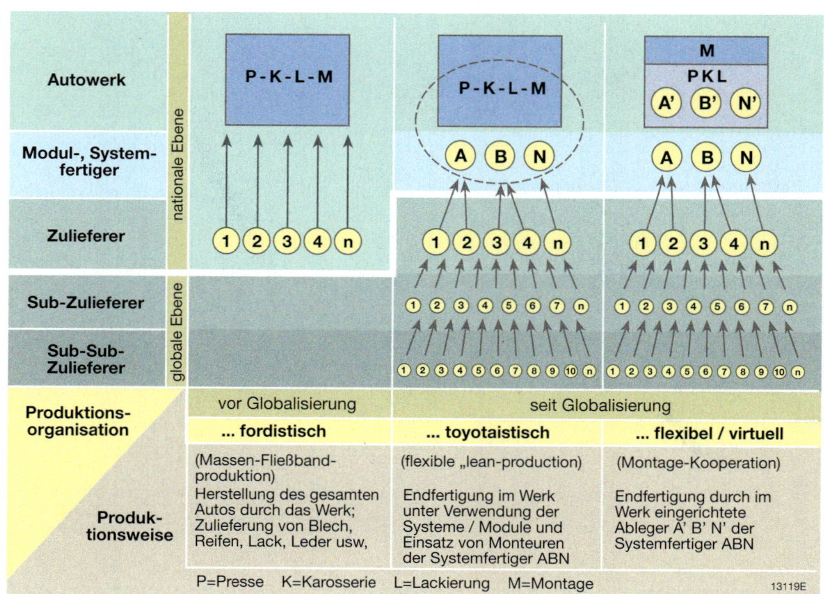

M 2: *Produktionskonzepte in der Automobilindustrie*

2 Wirtschaftssektoren in Deutschland

Die deutsche Gesellschaft ist eine Dienstleistungsgesellschaft – zumindest was den Anteil der Dienstleistungen am wirtschaftlichen Erfolg betrifft. Die einst führende Industrie hat bei den Wirtschaftssektoren nicht nur ihren ersten Rang verloren. Sie muss sich immer wieder neu erfinden und der globalen Konkurrenz stellen. Dies geschieht in altindustrialisierten Räume mit modernen Netzwerken und Clustern. Auch die für das Bruttoinlandsprodukt bedeutungslose Landwirtschaft kann durch die Einbindung in die Agrarpolitik der Europäischen Union nicht mehr nur innerhalb der deutschen Grenzen denken.

2.1 Landwirtschaft

Die Landwirtschaft in Deutschland produziert auf einem sehr hohen Niveau. Doch die wirtschaftlichen und politischen Rahmenbedingungen haben in den vergangenen Jahrzehnten zu einem tief greifenden Strukturwandel geführt.

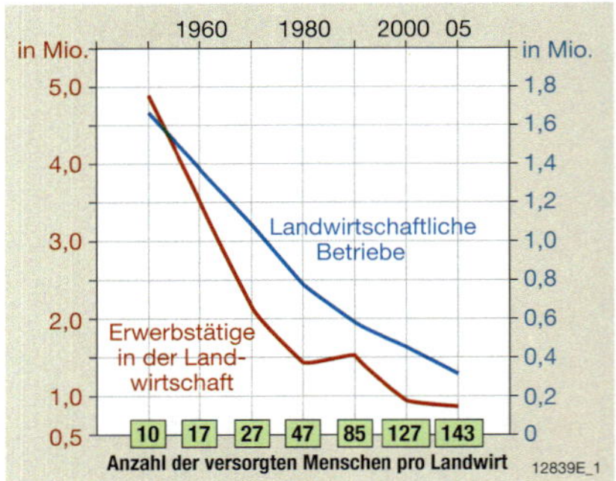

M 1: *Entwicklung der deutschen Landwirtschaft*

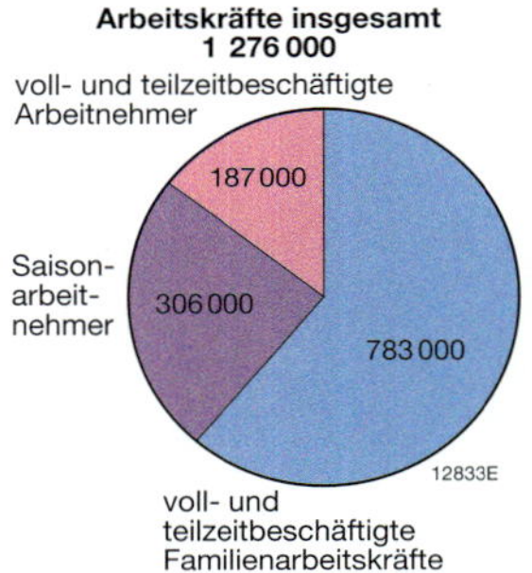

M 2: *Arbeitsverhältnisse in der deutschen Landwirtschaft*

Im weltweiten Vergleich gehört Deutschlands Landwirtschaft zu den produktivsten: Wo früher die Kraft von Mensch und Tier eingesetzt wurde, arbeiten immer mehr Maschinen. Gleichzeitig wurden die Anbaumethoden und die Viehhaltung modernisiert, Logistik und Vertriebswege entsprechen dem neuesten Stand. Es braucht also immer weniger Landwirte, um immer mehr Menschen zu ernähren. Von den rund 3,5 Mio. in der Landwirtschaft Beschäftigten des Jahres 1960 waren zu Beginn des 21. Jahrhunderts keine Million mehr übrig geblieben – viele von ihnen nur noch als Nebenerwerbslandwirte.

In der volkswirtschaftlichen Gesamtrechnung spielt die Landwirtschaft in Deutschland mit nur rund einem Prozent eine untergeordnete Rolle. Dennoch ist sie bedeutend, denn 80 Prozent des einheimischen Nahrungsbedarfs werden von ihr sichergestellt. Entsprechend ihrer Größe und ihrer Wirtschaftsstruktur haben die einzelnen Bundesländer unterschiedliche Anteile an der Landwirtschaft. Allein Bayern als flächengrößtes Bundesland vereinigt fast ein Fünftel der landwirtschaftlichen Nutzfläche Deutschlands auf sich. Die dortigen rund 130000 Betriebe machen sogar ein Drittel aller Betriebe aus, Baden-Württemberg und Niedersachsen zusammen kommen auf einen vergleichbar hohen Anteil.

Durch die Mitgliedschaft in der Europäischen Union kann Deutschland nicht mehr nur eine nationale Agrarpolitik betreiben, sondern ist in den gemeinsamen Agrarmarkt eingebunden. Während früher die Steigerung der Produktivität das zentrale Ziel war, stehen heute die nachhaltige Landwirtschaft, der Bioanbau und die Produktion nachwachsender Rohstoffe im Mittelpunkt der deutschen und europäischen Agrarpolitik.

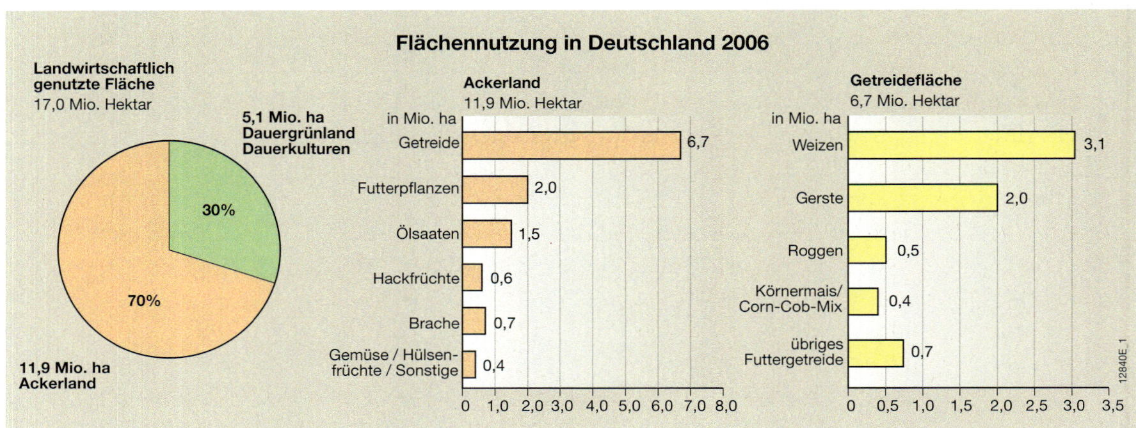

M 3: *Flächennutzung in Deutschland*

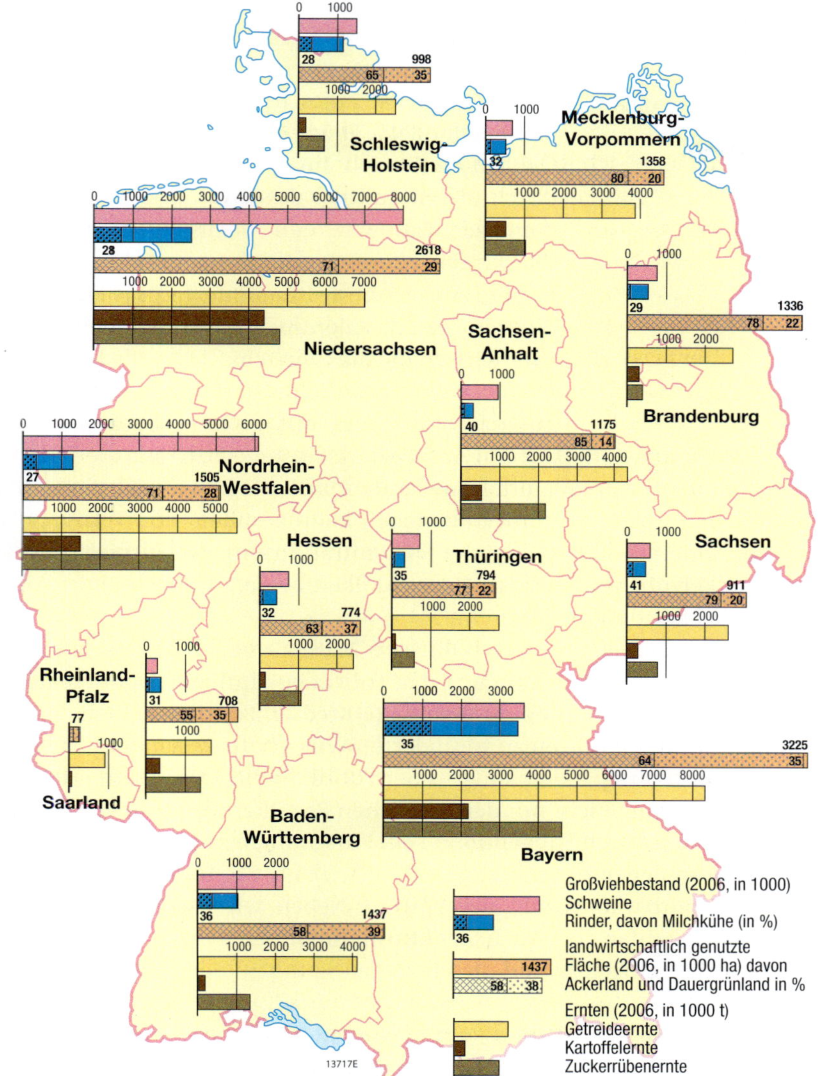

M 4: *Strukturdaten der Landwirtschaft in Deutschland*

Der anhaltende Konzentrationsprozess in der Landwirtschaft und der fehlende Nachwuchs hat aber auch zu strukturellen Veränderungen des ländlichen Raums geführt sowie das Dorfbild und das ländliche Leben immer stärker gewandelt (z. B. Umbau von Bauernhöfen zur ausschließlichen Wohnnutzung, Rückzug von Handel und ländlichem Gewerbe).

Der Primärsektor wird von allen Sektoren am stärksten von den naturräumlichen Bedingungen (Bodenqualität, Wasserverfügbarkeit, Relief und Klima) beeinflusst. Außer durch die Natur wird die landwirtschaftliche Flächennutzung aber auch durch gesellschaftliche Faktoren (landwirtschaftliche Besitzverhältnisse, Ernährungsgewohnheiten der Bevölkerung) und wirtschaftliche Rahmenbedingungen bestimmt. Eine agrarische Fläche wird nur dann genutzt, wenn es sich auch ökonomisch lohnt. Hierfür sind eine Reihe von Parametern von Bedeutung, darunter zum Beispiel die Betriebsgröße, der Ausbildungsstand des Landwirts, der Verkaufspreis des Produkts (Marktpreis), die Verkehrslage (Marktentfernung) sowie der Arbeits-, Kapital- und Energieeinsatz.

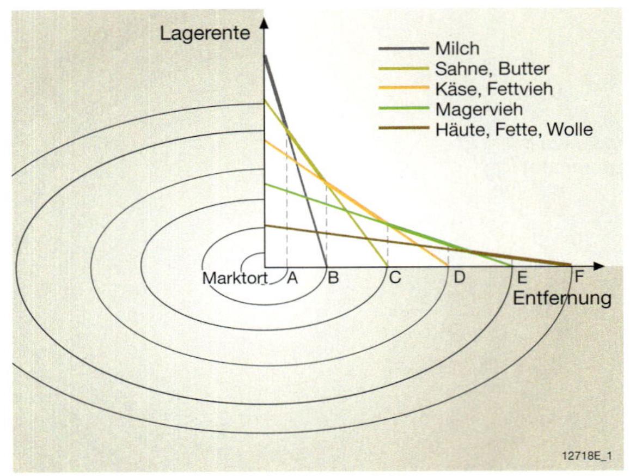

M 1: *Nutzungszonen nach Thünen (Thünen'sche Ringe)*

Als erster agrarwirtschaftlicher Standorttheoretiker gilt Johann Heinrich von Thünen, der die Abhängigkeit zwischen Marktentfernung und Rentabilität eines Betriebs 1826 in einem Standortmodell (Thünen'sche Ringe) darstellte. Danach ergibt sich die optimale Bodennutzung durch die Produktion des jeweiligen Gutes, mit dem der Landwirt den höchsten Reinertrag (Marktpreis minus Produktions- und Transportkosten) oder die beste Lagerente (Erlös je Flächeneinheit) erzielt. Allerdings hat in der heutigen Landwirtschaft die wirtschaftliche Bedeutung des Transports deutlich abgenommen. Moderne Zugmaschinen, die mit großer Ladekapazität und hoher Geschwindigkeit den Absatzmarkt ansteuern, haben die Transportkosten deutlich reduziert. Neue landwirtschaftliche Vertriebsformen wie Hofläden und Selbstpflück-Plantagen kehren zudem den Transportweg um. Andererseits erzwingt der Konzentrationsprozess beispielsweise in der Zuckerrübenindustrie und dem Molkereiwesen immer weitere Anfahrten und mindert die Lagerente.

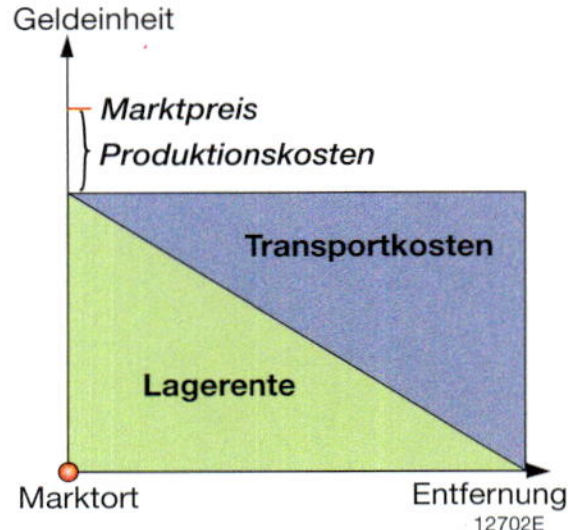

M 2: *Lagerente nach Thünen*

Zudem stellen heute agrarpolitische Maßnahmen eine zusätzliche wirtschaftliche Rahmenbedingung dar. Politische Einflüsse vor allem der EU-Politik über Subventionen, verbilligte Kredite, Festpreise, Preis- und Abnahmegarantien führen zu veränderten Wirtschaftsweisen und zu Produktionsumstellungen. Der Eingriff der Politik in die Produktion erfolgt, um die Versorgung nicht nur der ländlichen Bevölkerung zu sichern, um den Landwirten durch Subventionen ein Einkommen zu garantieren und um die Verbraucher zu schützen (z. B. durch eine Kontrolle des Pestizideinsatzes, Haltbarkeitsdaten der Waren). Neben wirtschaftspolitischen Maßnahmen zählen aber auch Strukturmaßnahmen wie der Ausbau der dörflichen Infrastruktur und die Flurbereinigung zu den Möglichkeiten der Agrarpolitik.

Flurbereinigung

Um- bzw. Zusammenlegung unwirtschaftlichen ländlichen Grundbesitzes

Früher waren die urbanen Räume von landwirtschaftlicher Nutzung umgeben. Doch Besiedlung und Industrien haben selbst hochwertige Böden immer stärker in Besitz genommen. In der Umgebung expandierender Städte herrscht daher die Erwartung vor, dass der Boden bald in städtische Nutzung übergeht und sich Investitionen und Arbeitsleistungen für eine intensive Bewirtschaftung nicht mehr rentieren. Doch noch immer hängt die Ausprägung der Landwirtschaft in Stadtnähe auch von

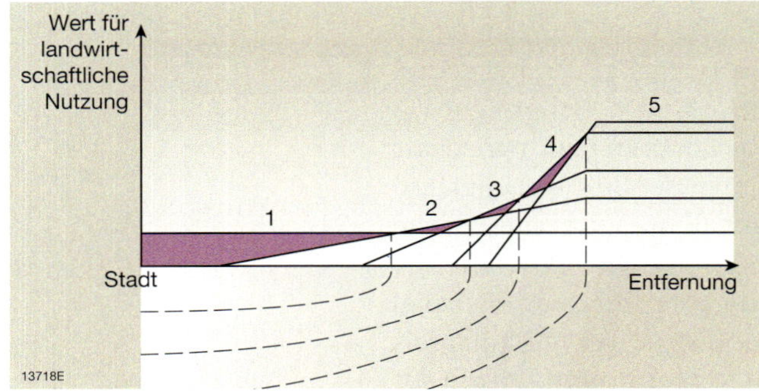

1 Veränderungszone mit bereits parzelliertem Land, Brachflächen von Spekulanten, Gemüsekulturen, Gewächshäusern, Geflügelzucht
2 Bauerwartungsland, noch nicht parzelliert, Eigentümer warten auf profitmaximalen Verkauf, temporäre Landnutzung durch Weideland oder Erholung
3 Übergangszone, geringe Nutzungsintensität durch Ackerbau und Weidewirtschaft
4 Landwirtschaftliches Stadtumland, kein Bauerwartungsland, Milchwirtschaft und Feldbau für städtischen Markt
5 Zone außerhalb des städtischen Einflusses, national orientiertes Anbausystem

M 3: *Landwirtschaftliche Nutzungszonen im Umkreis einer expandierenden Stadt*

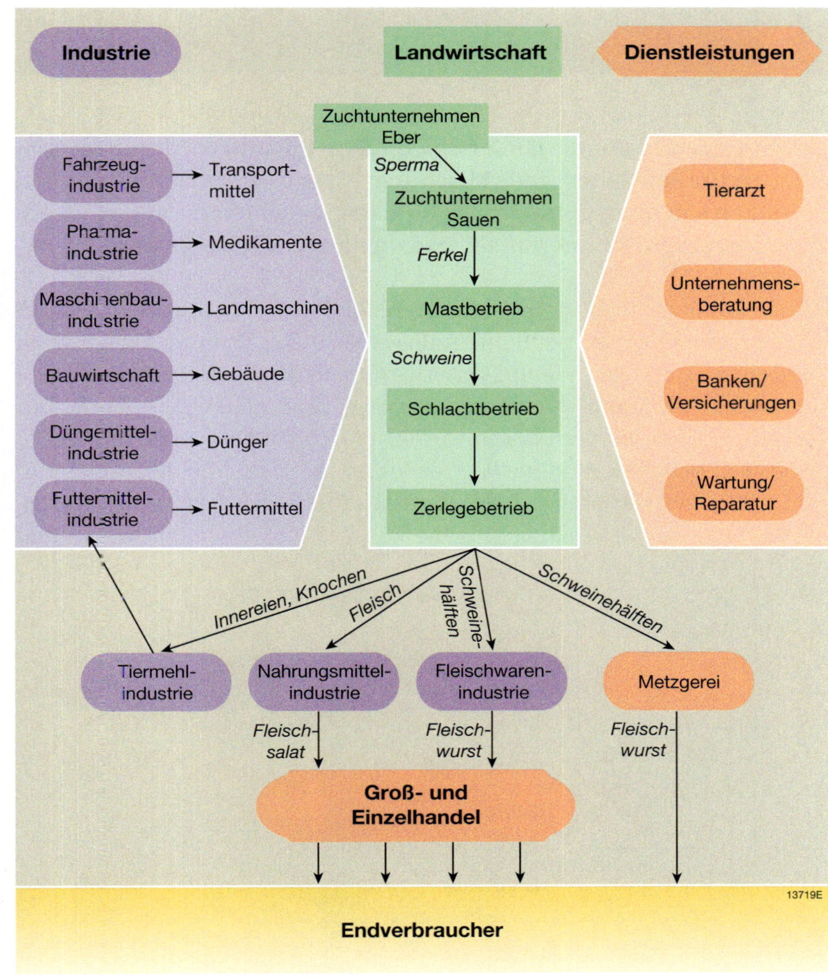

M 4: *Landwirtschaftliche Produktion im sektoralen Zusammenhang (Fallstudie Schweine)*

der Bodenqualität ab. Besonders im süddeutschen Raum sorgen Gemüseanbau und Gartenbaukulturen für eine stadtnahe Versorgung. Dort zählen Hopfen, Knoblauch und Wein zu den klassischen Sonderkulturen, während in Norddeutschland vornehmlich auf den glazialen Sanderflächen Spargel angebaut wird. Auch Sonderkulturen wie die Johannisbeere und die Sonnenblume sind immer häufiger zu beobachten. Der Anbau von Äpfeln erfolgt häufig in Regionen, in denen diese Obstpflege Tradition hat (z. B. im Alten Land nahe Hamburg), wo sich ein entsprechendes Know-how herausgebildet hat oder das Klima keine hochwertigere Produktion wie den Weinbau zulässt.

Landwirtschaftliche Produktion ist heute in regionale Agrarsysteme und überregionale Warenketten eingebunden. Es bestehen intersektorale Verflechtungen von landwirtschaftlichen Erzeugerbetrieben zu vorgelagerten Einrichtungen (z. B. Futtermittelindustrie, Maschinenhersteller, Dünger- und Saatgutproduzenten), privaten Dienstleistungen (z. B. Banken, Tierärzte), staatlichen Dienstleistungen (z. B. Forschungsanstalten) und nachgelagerten Einrichtungen (z. B. Verarbeitungsbetriebe, Transportunternehmen, Handel). Agrobusiness, also Produktion, Weiterverarbeitung und Absatz in einer Hand, ist in Deutschland allerdings nicht bedeutsam. Sektorale Zusammenhänge bestehen eher weiträumig.

Sonderkultur
besonders arbeits- und kapitalintensive Pflanzenproduktion

1. *Geben Sie die Grundgedanken des Modells der Thünen'schen Ringe wieder.*
2. *Beschreiben Sie die Schwierigkeiten der Landwirtschaft im direkten Umfeld von wachsenden Städten.*

2.2 Industrie

Mit seinen 16 Bundesländern bietet Deutschland bei der Industriestruktur eine heterogene Mischung: Altindustrialisierte Regionen stehen solchen mit moderner Industrie gegenüber, während ländlich geprägte Räume von der Entwicklung abgehängt sind.

Wie in anderen hoch industrialisierten Staaten ist auch in Deutschland der Industriesektor seit der Industrialisierung in der Mitte des 19. Jahrhunderts einem ständigen Wandel unterworfen. In den Anfangszeiten wurde der Großteil der Bruttowertschöpfung von der Industrie erwirtschaftet. In den alten Bundesländern lag der Anteil 1985 noch bei 52 Prozent, heute erreicht er bundesweit keine 30 Prozent mehr. Es sind die Dienstleistungen, mit denen das meiste Geld erwirtschaftet wird. Der Export von In-

Bruttowertschöpfung
Teil der volkswirtschaftlichen Gesamtrechnung: Differenz zwischen dem Produktionswert und in die Produktion eingegangenen Vorleistungen

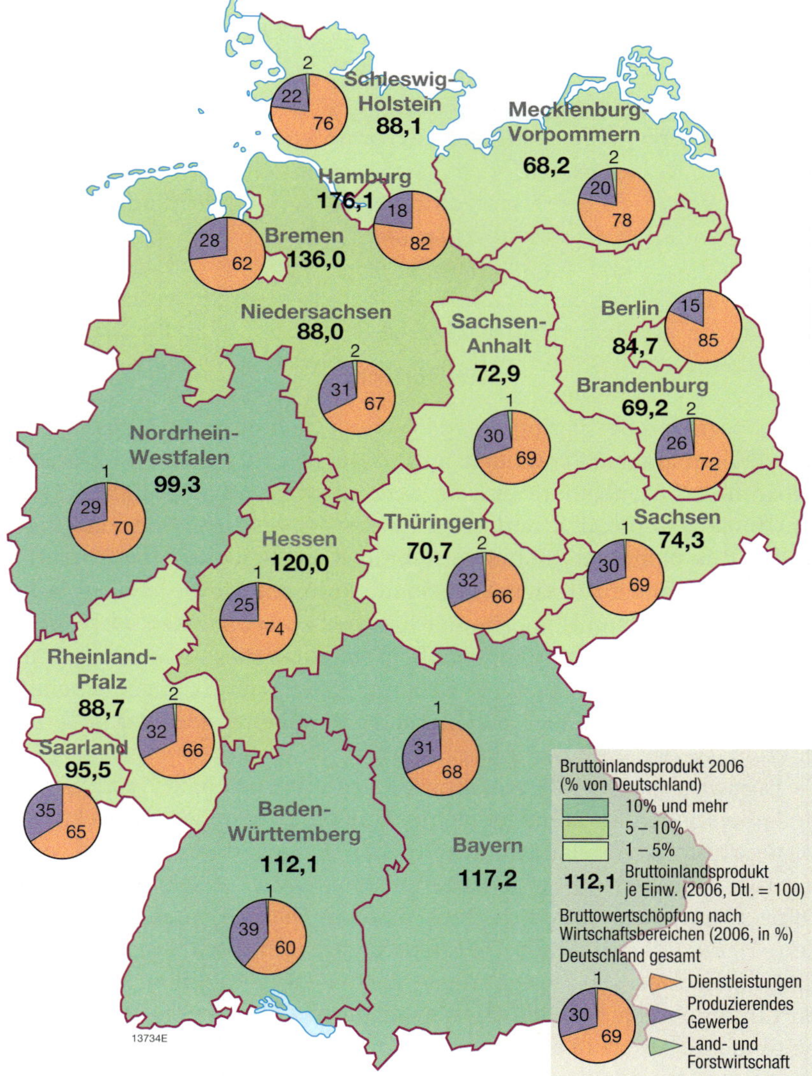

1. *Ordnen Sie die Bundesländer nach Wirtschaftskraft und Sektorenverteilung in drei Gruppen unterschiedlicher Stärke (M 1).*
2. *Erarbeiten Sie wesentliche Unterschiede der Industriestruktur in Nordrhein-Westfalen und Bayern.*

M 1: *Wirtschaftskraft und Sektorenverteilung in den Bundesländern*

dustriegütern ist seit Jahrzehnten der Eckfeiler der deutschen Wirtschaft. Die Industrie trägt 87 Prozent (2006) zu den Gesamtausfuhren bei. Die vier führenden Bereiche der Industrie sind der Automobilbau mit den beiden großen Global Players Daimler und VW an der Spitze sowie die Chemieindustrie, die Elektrotechnik und der Maschinenbau. Allein in diesen vier Branchen arbeiten rund 2,88 Millionen Menschen, die einen Umsatz von 767 Milliarden Euro erwirtschaften. Einige traditionelle Industriebranchen wie die Stahl- und Textilproduktion sind in den vergangenen Jahren durch Verlagerung der Absatzmärkte und den Druck aus Niedriglohnländern zum Teil stark geschrumpft oder wie etwa in der Pharmaindustrie durch Übernahmen und Fusionen in den Besitz ausländischer Unternehmen gelangt.

Nach den absoluten Zahlen sind Bayern, Baden-Württemberg und Nordrhein-Westfalen die drei Industrie-Schwergewichte unter den Bundesländern: Sie stellen je rund 20 Prozent der in Deutschland in der Industrie, dem Handwerk und dem Bergbau Beschäftigten. Entsprechend ähnlich sieht es bei der Zahl der Betriebe und den geleisteten Arbeitsstunden aus. Die Branchenstruktur ist in diesen Bundesländern allerdings grundverschieden. Nordrhein-Westfalen wird vom altindustrialisierten Ruhrgebiet dominiert, das sich seit Jahrzehnten in einem Strukturwandel befindet und eine Modernisierung seiner traditionellen Wirtschaftsstruktur anstrebt. Städte wie das traditionell von Kohle und Stahl bestimmte Duisburg müssen sich aktuell und zukünftig eine neue wirtschaftliche und somit soziale Identität schaffen.

Im Süden dominiert dagegen die Wachstumsbranche der Hightechindustrie mit München als herausragendem Standort. Die Qualität der Ausbildung ist hoch und nicht nur Studenten nehmen einen Umzug in die bayrische Landeshauptstadt gerne in Kauf. Im Gegensatz dazu stehen viele Regionen der Peripherie, die wie Mecklenburg-Vorpommern aufgrund ihrer Strukturschwächen von größeren Industriebetrieben weitgehend unberührt sind und von der jungen einheimischen Bevölkerung auf der Suche nach Beschäftigung verlassen werden. Andererseits haben sich in Sachsen moderne Computer- und Medizintechnikunternehmen angesiedelt. Dresden gilt inzwischen als der führende Mikro- und Nanoelektronikstandort Europas. In der sächsischen Landeshauptstadt arbeiten 8,7 Prozent aller Beschäftigten im Hightech-Sektor.

Branche	Zahl der Betriebe	Beschäftigte (Mio.)	Exportquote (%)
Fahrzeugbau	1740	0,945	57,9
Elektrotechnik und Elektronik	5931	0,835	47,0
Maschinenbau	7234	0,948	52,9
Chemische Industrie	1864	0,445	53,2
Ernährungsgewerbe	5985	0,523	14,0
Industrie gesamt	47973	6,015	39,6

M 2: *Wichtigste Industriezweige in Deutschland (2004)*

Bundesland	Wert (Deutschland =100)
Bayern	130,6
Baden-Württemberg	130,4
Hessen	125,4
Hamburg	120,6
Nordrhein-Westfalen	110,0
Rheinland-Pfalz	108,6
Niedersachsen	105,6
Schleswig-Holstein	105,4
Saarland	104,8
Bremen	99,4
Sachsen	82,8
Thüringen	82,6
Berlin	79,8
Brandenburg	78,4
Sachsen-Anhalt	69,4
Mecklenburg-Vorpommern	66,4

M 3: *Wirtschaftsranking nach Bundesländern (2004)*

M 4: *Thyssen-Krupp in Duisburg*

M 5: *Mikroprozessorfertigung bei AMD in Dresden*

2.2

2.2.1 Standortwahl von Industrieunternehmen

Die Kriterien der Standortwahl industrieller Betriebe haben sich in den letzten hundert Jahren als Folge der technischen Entwicklung und der Globalisierung erheblich verschoben.

Agglomerationsvorteil
Vorteil, der durch die Anhäufung von Betrieben und Abnehmern entsteht, da ein gemeinsamer Bezug von Rohstoffen und eine gemeinsame Auslieferung möglich sowie ein großes Angebot von qualifizierten Arbeitskräften nutzbar ist

Alfred Weber entwickelte 1909 eine volkswirtschaftliche Standorttheorie, in der neben den Arbeitskosten vor allem noch die Transportkosten und die Agglomerationsvorteile das entscheidende Kriterium für die Wahl eines industriellen Standorts waren. Diese Aspekte sind im heutigen Zeitalter der Mobilität und globalen Verflechtung nicht mehr ausschlaggebend. Ein Beispiel hierfür ist die Eisen- und Stahlindustrie: Während die ersten Hochhöfen sich in der Nähe der Erzfundorte befanden, verschoben sich im 19. Jahrhundert die Standorte zu den Kohlestandorten (Ruhrgebiet), da zur Erzverarbeitung große Kohlemengen notwendig sind. Im 20. Jahrhundert kamen mit dem Import hochwertiger Kohle und Erze aus Übersee Küstenstandorte mit ihrer verkehrsgünstigen Lage hinzu. Heute werden die Erze auf langen Seewegen auch aus Brasilien geliefert, weil die Transportkosten angesichts der hohen Ladekapazität und Schiffsgeschwindigkeit nur noch von untergeordneter Bedeutung sind. Zum Teil wird in den Entwicklungsländern schon Roheisen hergestellt und in den Industrieländern zu Spezialstählen weiterverarbeitet.

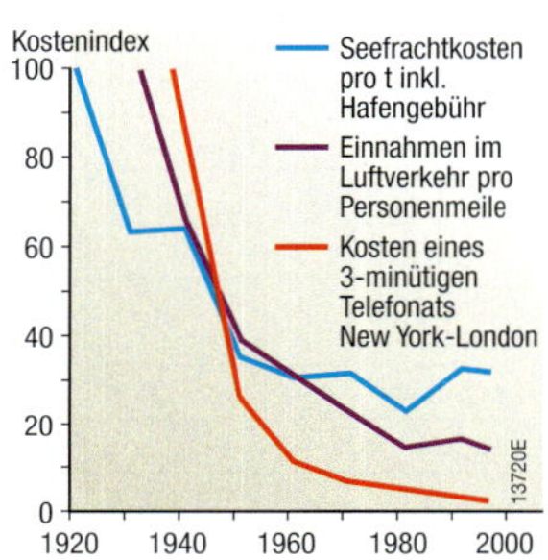

M 1: *Entwicklung der Transportkosten im 20. Jahrhundert*

Wie gering der Transportkostenfaktor sein kann, zeigt folgendes Beispiel: Nordseekrabben werden nach Nordafrika geflogen, weil die dortigen Kosten der Weiterverarbeitung („Krabbenpulen") niedriger sind als die Flugkosten. Früher war die interkontinentale Kommunikation an einfache Geräte oder Briefverkehr gebunden. Heute sind die Kosten für ein Telefonat oder das Internet unbedeutend. So spielen bei der Standortentscheidung eines Unternehmers zahlreiche Faktoren eine Rolle, die allerdings auch von Branche zu Branche unterschiedlich sein können. Noch vor wenigen Jahren wurde angenommen, ein Unternehmer entscheide sich für einen Standort entsprechend seiner Kosten-Erlös-Kalkulation. Es zeigt sich jedoch, dass es zusätzlich subjektive Entscheidungskriterien gibt (z. B. politische Strömungen in der Gemeinde).

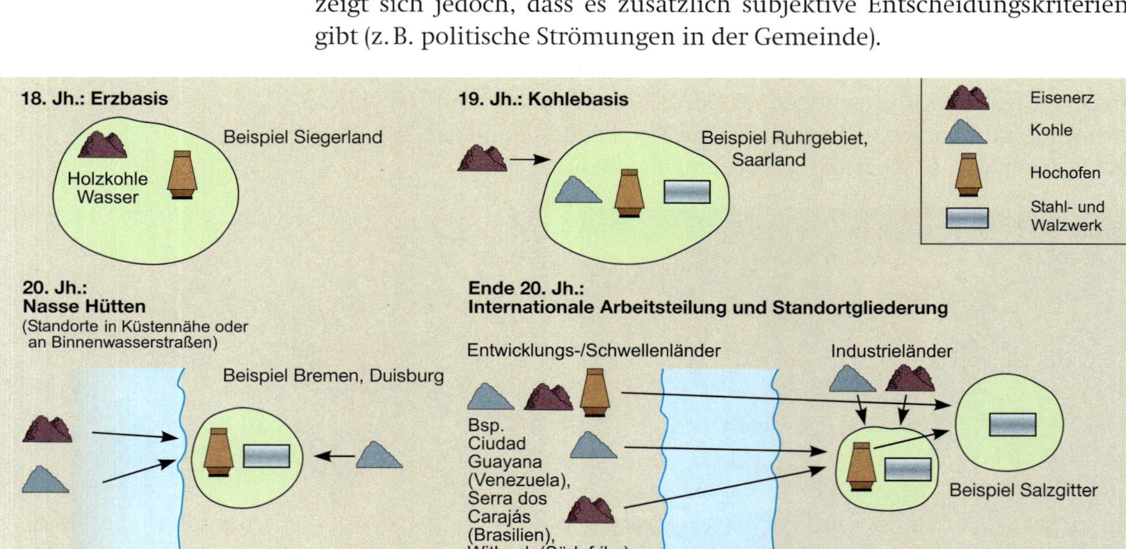

M 2: *Wandel von Standorttypen der Eisen- und Stahlindustrie*

Standortfaktor	Begründungszusammenhang	Typische Branchen
Rohstofforientierung/ Materialeinsatz	Transportkostenempfindliche Rohstoffe / Gewichtsverlustmaterialien Transportempfindliche leicht verderbliche Rohmaterialien / Gewichtsverlustmaterialien Energierohstoffe	Eisen- und Stahlindustrie, Braunkohlechemie, Baustoffindustrie (z.B. Zementfabriken, z.T. chemische Industrie Nahrungsmittelindustrie (z.B. Zuckerfabriken, Mostereien, Gemüseverarbeitung) Elektrizitätserzeugung (Braunkohle, Steinkohle, Wasserkraft), Aluminiumindustrie
Arbeitsorientierung	Niedrige Arbeitskosten (überwiegend gering qualifizierte Arbeitskräfte) Hoch qualifizierte Arbeitskräfte	Bekleidungsindustrie, Montage von Elektrogeräten Maschinenbau, Elektronik, Optik / Feinmechanik
Agglomerationsorientierung	Nähe zu Forschungs- und Entwicklungseinrichtungen Nähe zu Zulieferern	Luft- und Raumfahrtindustrie, Mikroelektronik, Computerindustrie Straßenfahrzeugbau
Absatzorientierung	Leicht verderbliche/sperrige Produkte Kaufkräftige Märkte	Nahrungsmittelindustrie (z.B. Backwaren, Getränke), Möbelindustrie Produktion gehobener Konsumgüter
Verkehrslageorientierung	Bindung an spezielle Verkehrsträger (z.B. Wasserstraße, Pipeline)	Werftindustrie, Raffinerien, Petrochemie

M 3: *Beispiele für branchenspezifische Standortorientierungen*

Wer wirtschaftlich erfolgreich sein möchte, muss innovativ sein. Es müssen neue Produkte entwickelt werden, es muss nach Partnern Ausschau gehalten werden und es muss das zunehmend global gestreute Kundeninteresse bekannt sein. Die Beziehungen von Unternehmen haben daher erhöhte Bedeutung erhalten und werden ausgebaut. Unternehmen siedeln sich bewusst in der Nähe des Konkurrenten an oder sie kooperieren verstärkt mit anderen Unternehmen, wie das zum Beispiel bei der Braunkohleveredelung in einem angrenzenden Kraftwerk geschieht. Industriebetriebe sind an Dienstleistungsunternehmen interessiert, die ihnen zuarbeiten oder sie unterstützen. Beispielsweise werden betriebsgebundene Dienstleistungen immer häufig ausgelagert, weil man sich auf das Kerngeschäft konzentriert. Nicht zu unterschätzen ist eine gute Verständigung mit dem Amt für Wirtschaftsförderung.

Auch Innovationen bei Produkten, Fertigungs- oder Organisationsabläufen verändern die Standortanforderungen von Betrieben. Alteingesessene Betriebe werden verlagert, neue an anderen Standorten gegründet. Dies geschieht national und international. So verlor die einst blühende deutsche Textilindustrie zunehmend an Bedeutung, da die arbeitsintensive Produktion von Bekleidungswaren in Billiglohnländern wie China bedeutend günstiger ist. Umgekehrt verlagern ausländische Firmen einen Teil ihrer Produktion nach Deutschland, wenn dort eine entsprechende Nachfrage besteht, beispielsweise im Bereich der Computertechnik. Wissen und damit der Forschungs- und Entwicklungs-Bereich erhalten einen steigenden Stellenwert. Folglich siedeln sich Betriebe auch in der Nähe von Forschungsabteilungen an.

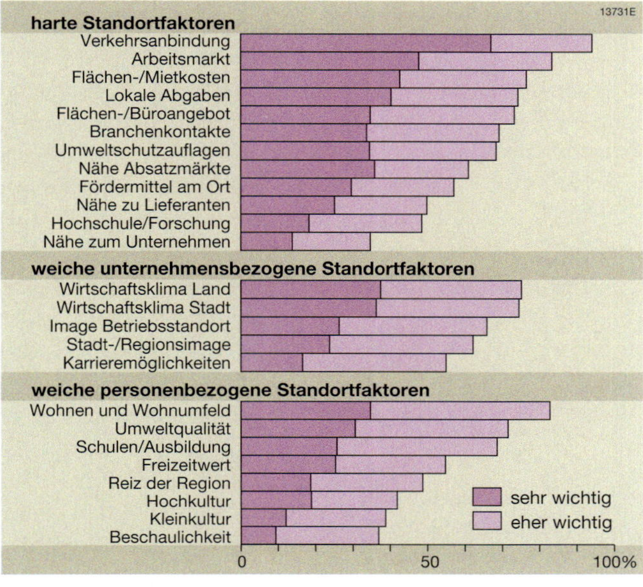

M 4: *Unternehmensbefragung zu der Wichtigkeit von Standortfaktoren*

2.2.2 Cluster und Netzwerke

In der globalisierten und arbeitsteiligen Gesellschaft werden zunehmend nur Cluster, Netzwerke und Unternehmensverbünde erfolgreich sein. Sie verschaffen regionalen Wirtschaftsräumen wirtschaftliche Vorteile.

Schon immer befanden sich viele Industriebetriebe im Bereich von Verdichtungsräumen. Hier können Agglomerationsvorteile am besten genutzt werden. Die Transportkosten sind niedrig, der Absatz- und Arbeitskräftemarkt ist groß. Fühlungsvorteile ermöglichen schnelle Kontakte zu Zulieferern, Kunden, Dienstleistern, Behörden und Unternehmen der gleichen Branchen. In den seit den 1970er-Jahren auch vermehrt in Deutschland entstehenden Industriegebieten und -parks kooperieren und konkurrieren Unternehmen und Institutionen zugleich miteinander. Heute gelten Cluster und Netzwerke besonders in der Automobil- und Hightechindustrie, aber auch in anderen Zukunftsbranchen als die moderne Form des industriellen Agglomerationsraums.

M 1: Quellentext zu Wirtschaftsclustern

Tzschaschel, S., Hanewinkel, C.: Der mitteldeutsche Wirtschaftsraum zwischen industriellen Netzwerken und Marketingkonstruktion. Geographische Rundschau 6/2007

Seit das „Silicon Valley“ in Kalifornien weltweit zum Vorbild einer erfolgreichen Industrieansiedlungspolitik geworden ist, gelten Branchenkonzentrationen als Schlüssel zum regionalen wirtschaftlichen Wachstum. Seit den 1990er-Jahren hat sich dafür der Terminus „Cluster“ etabliert. Heute sind Cluster die prominentesten sozialen Konstruktionen im Profilierungsprozess von Wirtschaftsräumen, auf die insbesondere im Rahmen der Wirtschaftsförderung rekurriert wird. Nach dem Verständnis von Wirtschaftswissenschaftlern ist nicht jede Konzentration von Betrieben derselben Branche ein Cluster, sondern eine Reihe von weiteren Grundvoraussetzungen müssen gegeben sein, u. a. die Vernetzung der Betriebe untereinander, die Nähe zu Leitnachfragern, Innovationstätigkeit sowie der Austausch mit Hochschul- und Forschungseinrichtungen der Region.

M 2: Clusterdefinition

W. Gaebe, G. Halder, K. Kulinat, B. Lenz, S. Strambach

Als Cluster wird ein Produktionssystem vertikal und horizontal verflochtener Unternehmen (meist Kernbranche und Zulieferer oder Dienstleistungen, auch Großhandel) und Institutionen bezeichnet, die ihren Standort in räumlicher Nähe zueinander haben. Unternehmen in Clustern haben durch ihren Standort passive Wettbewerbsvorteile (z. B. Lokalisationsvorteile wie die Spezialisierung von Arbeitsmarkt, Zulieferern, Bildungs- und Ausbildungssystemen sowie den Zufluss von Know-how). Zudem besteht die Möglichkeit, aktiv an gemeinschaftlichen Initiativen zur Verbesserung der Wettbewerbsfähigkeit teilzunehmen.

In Deutschland gibt es zahlreiche Beispiele für Cluster, zum Beispiel in Sachsen. Dort sind räumlich sehr begrenzte Branchenkonzentrationen auszumachen, die von der Wirtschaftsförderung des Landes als Cluster unterstützt werden. Dazu gehören die Automobil- und Zulieferindustrie, die Biotechnologie und die Umwelttechnologie für Leipzig, die Mikroelektronik und Nanotechnologie für Dresden und der Maschinen- und Fahrzeugbau für Chemnitz. In vielen Clustern bilden Wissenschaft und Forschung einen integralen Teil der Cluster. Neben den Hochschulen in Halle an der Saale und Merseburg sind weitere Forschungsinstitute zu nennen, dar-

1. *Geben Sie die Idee eines Clusters in eigenen Worten wieder.*
2. *Stellen Sie die Vorteile eines Clusters den Nachteilen gegenüber.*

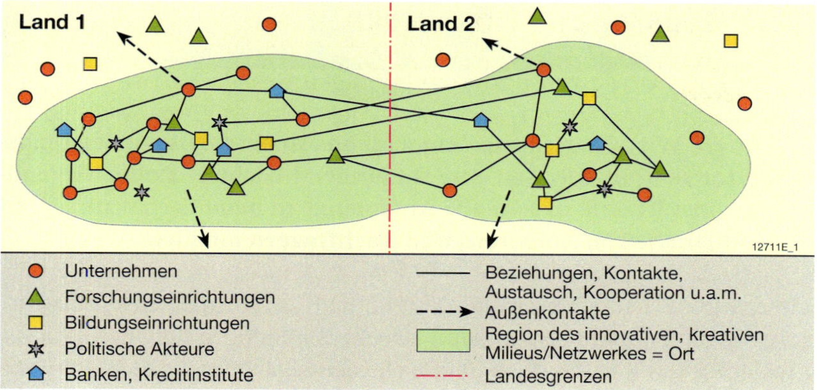

M 3: *Modell eines Clusters*

Die Verflechtung des Clusterprozesses mit Entwicklungen in der Automobilindustrie, in der Biotechnologie, der Logistik, dem Maschinen- und Anlagenbau lösen neue Impulse für die Entwicklung Ostdeutschlands aus.

Dr. Christoph Mühlhaus, Sprecher des mitteldeutschen Clusters Chemie/Kunststoffe

unter ein von der Fraunhofer-Gesellschaft in Schkopau betriebenes Pilotanlagenzentrum. Sachsens prominentestes Beispiel für Clusterbildung ist die mikroelektronische Industrie am Standort Dresden. Als forschungsorientierter Nebenstandort des Kombinats Mikroelektronik Erfurt konnten das qualifizierte Arbeitskräftepotenzial, die regionalen Forschungskapazitäten wie auch die noch existierenden Vernetzungen genutzt werden, um Mitte der 1990er-Jahre mehrere Werke der Mikroelektronik aufzubauen, unter ihnen der amerikanische Halbleiterkonzern AMD, das Zentrum Mikroelektronik Dresden sowie das Siemens Mikroelektronik Center (seit 1999 Infineon). Bereits 1997 wurden im Umkreis rund 300 kleinere Firmen gezählt, die Zulieferer oder Dienstleister dieser Werke sind.

Bestehen Cluster über einen längeren Zeitraum, kann es auch zu negativen Effekten kommen, etwa einer Verkrustung interner Strukturen, dem Verschlafen eines Technologie- oder Produktwechsels, einem fehlenden Blick nach außen oder einer sinkenden Anpassungsfähigkeit an veränderte Rahmenbedingungen.

Auch Netzwerke sind von Kooperationen geprägt, nur ist dort der Konkurrenzgedanke nicht bedeutsam. In Netzwerken arbeiten Forschung und Entwicklung mit der Industrie zusammen, weil die Industrie von den Ideen profitiert. Netzwerke werden auch geknüpft, um den klassischen wirtschaftlichen Vorteil der Kosteneinsparung durch abgestimmte Produktionsprozesse zu nutzen. Das entscheidende Merkmal ist aber die personale Verflechtung, um Innovationsprozesse zu bewirken.

Netzwerk

Die personalen und organisatorischen Verflechtungen werden zumeist unter dem Begriff Netzwerk zusammengefasst, dessen primär nur organisatorischer Ansatz hier durch eine regionale Komponente Ergänzung findet. Konstitutive Elemente des Netzwerkes sind räumliche Nähe, kulturelle Nähe, institutionelle Nähe und organisatorische Nähe.

Elmar Kulke, 2008

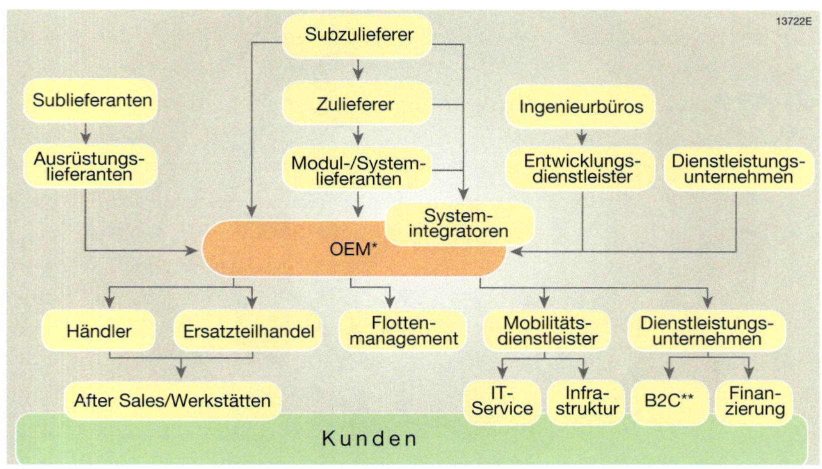

M 4: *Akteurskonstellation der Unternehmen im Automobilsektor (* = Original Equiment Manufacturer, ** = Business-to-Consumer)*

2.3 Dienstleistungen

Für die Wirtschaftskraft Deutschlands spielt der Dienstleistungssektor seit Jahrzehnten eine zunehmend wichtige Rolle. Nirgendwo sonst ist eine so schnelle Anpassung an neue Verhältnisse und Bedürfnisse von Anbietern und Nachfragern möglich.

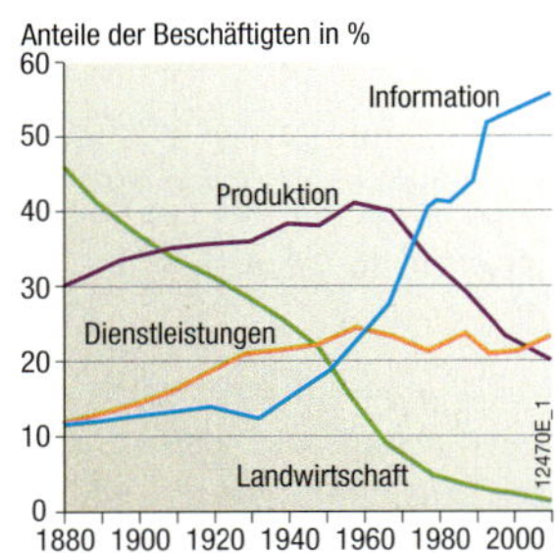

M 1: *Erwerbstätige im Informationssektor in Deutschland*

International betrachtet zählt Deutschland zur Gruppe der Industriestaaten. Die Bezeichnung stammt noch aus Zeiten, in denen die Industrie der für die Wirtschaftskraft entscheidende Sektor war. Heute müsste es eigentlich „Dienstleistungsstaaten“ heißen: 1970 arbeiteten im damaligen Bundesgebiet knapp 45 Prozent als Dienstleister. Drei Jahrzehnte später war ihr Anteil auf rund 71 Prozent gestiegen. Parallel verlor die Industrie an Bedeutung. So sank zwischen 1970 und 2004 die Zahl der in der Montanindustrie Beschäftigten von 500 000 auf 125 000.

Dienstleistung damals ist dabei nicht Dienstleistung heute: Früher orientierte sich die Branche an der Konsumnachfrage von privaten Haushalten, heute verdient sie ihr Geld zu großen Teilen mit Dienstleistungen, die an Unternehmen gekoppelt sind (z. B. Steuerberater oder Unternehmensberater). Die aktuell gängigen Schlüsselbranchen der Informations- und Kommunikationstechnologien steckten vor einigen Jahrzehnten noch in den Kinderschuhen.

Dienstleistungen sind immateriell messbare Werte, weshalb die Berücksichtigung von Transportkosten und Rohstoffen entfällt. Entschei-

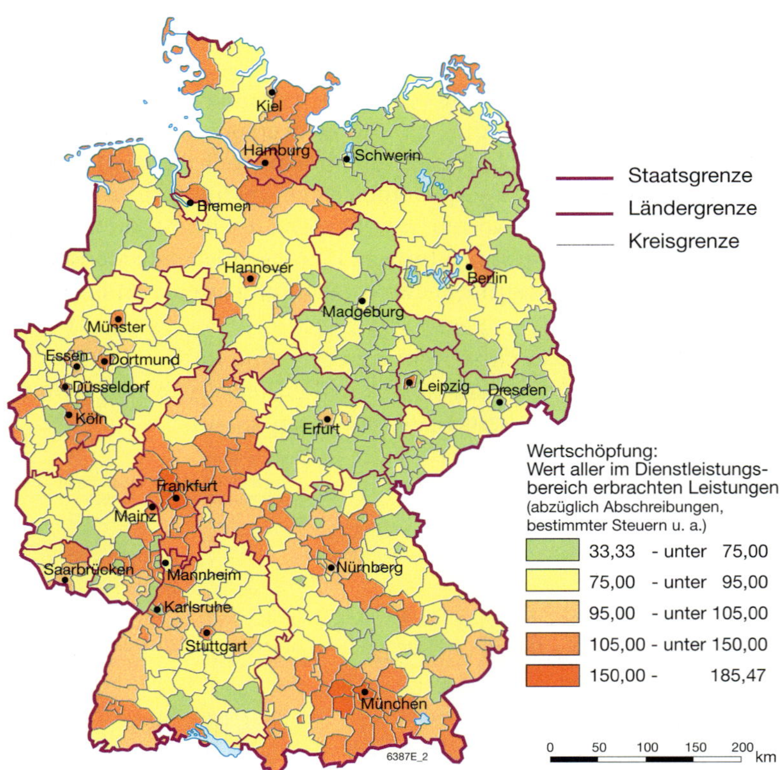

M 2: *Wert der im Dienstleistungsbereich erbrachten Leistungen (% vom Durchschnitt)*

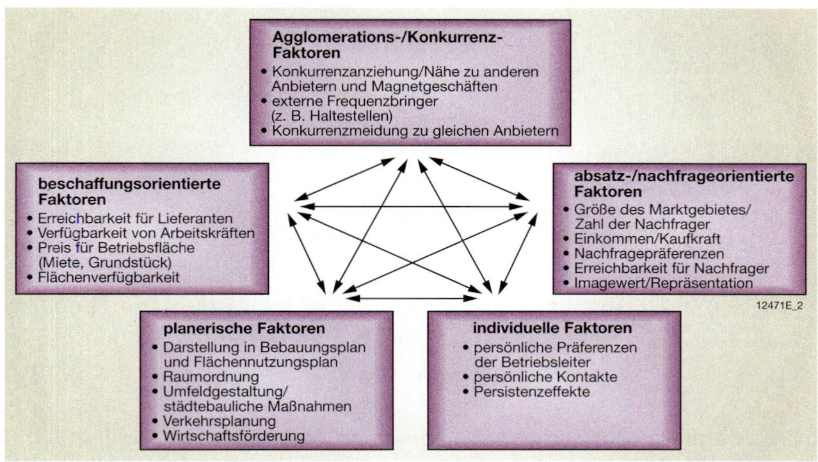

M 3: *Standortfaktoren kundenorientierter Dienstleistungsunternehmen*

dend sind die Nähe zum Kunden und deren Wünsche. Man unterscheidet anbieterbasierte und nachfragebasierte Dienste, je nachdem, ob sich ein Kaufwilliger für das Angebot in einem Geschäft interessiert und dieses aufsucht oder ob sich der Nachfrager beispielsweise für eine Weinprobe interessiert, die in seiner Wohnung stattfinden soll. In der dritten Kategorie sind weder Anbieter noch Nachfrager mobil (Anbieter-Nachfrage-Trennung). Dies ist typisch für das Versandgeschäft – früher zumeist per Telefon oder Postkarte, heute zunehmend per Internet. Bei der vierten Kategorie (Anbieter-Nachfrager-Mobilität) bewegen sich Verkäufer und Kunde zu einem „neutralen" Ort, zum Beispiel einem Wochenmarkt.

Die Wahl des Standorts hängt bei Dienstleistungsunternehmen von verschiedenen Faktoren ab. Dazu zählen Angebotskategorien (z. B. Fläche und Etagenzahl), Nachfragekategorien (z. B. Agglomeration von nicht nur gleichartigen Geschäften in einem Gewerbegebiet) und Gestaltungskategorien (z. B. Verkehrsplanung und Wirtschaftsförderung). Für den Kunden sind eine gute Anfahrt und ein umfangreiches Parkplatzangebot wichtig. Eine weitere Anfahrt wird in Kauf genommen, wenn der Zeitaufwand in einem subjektiv angemessenen Verhältnis zum Warenangebot und den Verkaufspreisen steht (z. B. Möbelmarkt). Gerade bezüglich eines Möbelkaufs lohnt sich die Fahrt in eine Großstadt, weil es dort viele Standorte in zumutbarer Distanz zueinander gibt (Kumulationsvorteile). Weil harte Standortfaktoren (z. B. das Verhältnis von Beschaffungs- und Transportkosten zum finanziell messbaren Profit) im Dienstleistungsbereich von geringer Bedeutung sind, erhalten die weichen Standortfaktoren ein höheres Gewicht als in der Industrie.

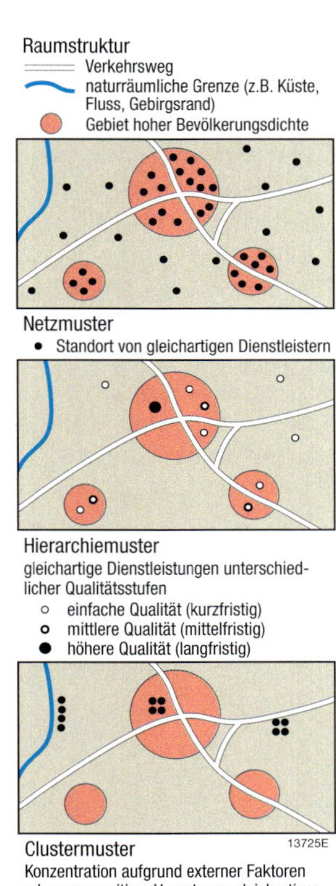

M 4: *Typen Standortsysteme*

Aufgrund der in den einzelnen Dienstleistungsbranchen unterschiedlichen Gewichtung von Standortfaktoren, von Konkurrenzvermeidung und Konkurrenzanziehung ergeben sich drei Typen von Standortsystemen: das Netzmuster, das Hierarchiemuster und das Clustermuster. Ein Netzmuster von Standorten zeigen vor allem gleichartige Anbieter, die eher kleinere Marktbereiche versorgen. Das Muster (...) basiert auf einer Konkurrenzvermeidungsstrategie. (...) So versorgen Einzelhandelsbetriebe mit kurzfristigem Angebot (z. B. Lebensmittelläden), einfache persönliche Dienste (u. a. Friseur, Allgemeinmediziner, Bankfiliale) oder öffentliche Einrichtungen (z. B. Grundschulen) zumeist die Nachfrage in ihrer Umge-

M 5: Quellentext zu typischen Standortsystemen von Dienstleistern

Kulke, E.: Wirtschaftsgeographie, 2008

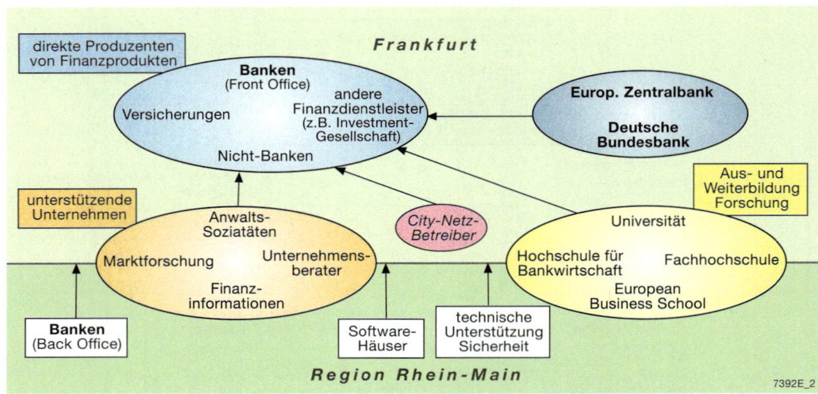

M 1: *Das Cluster des Finanzplatzes Frankfurt am Main*

bung und sie besitzen ein relativ regelmäßiges Netzmuster der Standorte. (...) Das Hierarchiemuster zeigt sich bei Dienstleistern mit artähnlichem Angebot unterschiedlicher Qualitätsstufen (z.B. Grundschule, Gymnasium, Universität), bei denen im Marktgebiet einer höheren Qualitätsstufe jeweils mehrere Standorte von Anbietern der niedrigeren Stufe liegen. (...) Das Clustermuster tritt besonders bei höherwertigen spezialisierten Dienstleistungsbetrieben mit einer längeren Fristigkeit des Angebots auf. Betriebe dieser Art weisen ein relativ großes Marktgebiet auf, innerhalb dessen sie sich an Standorten konzentrieren, die entweder besondere Standortvorteile (Magnetbetriebe ...) besitzen oder an welchem Kumulationsvorteile (durch Wahl-/Vergleichsmöglichkeiten zwischen mehreren Anbietern) auftreten. Beispiele für Betriebe an Standorten mit besonderen Vorteilen stellen Cluster von Fremdenverkehrsbetrieben in naturräumlich begünstigten Lagen (z. B. Küste, Bergland), die Konzentration von Verkehrs-/Logistikbetrieben an Verkehrsknoten (u. a. Häfen, Flughäfen, Autobahnkreuzen) und von Finanzdienstleistern am Standort von Börsen/Zentralbanken dar.

1. *Diskutieren Sie, inwieweit der Begriff „Industriestaat" auf Deutschland zutrifft.*
2. *Vergleichen Sie die Kriterien an eine Standortwahl bei Industrie- und Dienstleistungsunternehmen.*
3. *Erstellen Sie eine Tabelle zu den unterschiedlichen Standortsystemen von Dienstleistern.*

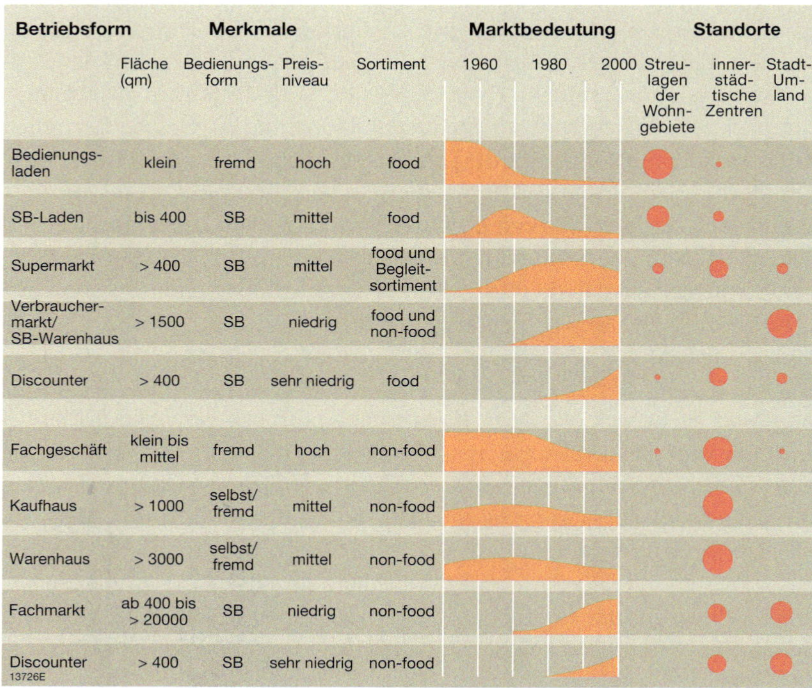

Betriebsform	Merkmale: Fläche (qm)	Bedienungsform	Preisniveau	Sortiment
Bedienungsladen	klein	fremd	hoch	food
SB-Laden	bis 400	SB	mittel	food
Supermarkt	> 400	SB	mittel	food und Begleitsortiment
Verbrauchermarkt/ SB-Warenhaus	> 1500	SB	niedrig	food und non-food
Discounter	> 400	SB	sehr niedrig	food
Fachgeschäft	klein bis mittel	fremd	hoch	non-food
Kaufhaus	> 1000	selbst/ fremd	mittel	non-food
Warenhaus	> 3000	selbst/ fremd	mittel	non-food
Fachmarkt	ab 400 bis > 20000	SB	niedrig	non-food
Discounter	> 400	SB	sehr niedrig	non-food

M 2: *Betriebsformen des Einzelhandels*

3 Zentrale und periphere Räume

Wie die meisten Länder ist auch Deutschland ökonomisch nicht durchgehend gleich gut gestellt. Aus wirtschaftlicher Sicht günstigen Räumen stehen solche gegenüber, die von Unternehmen und potenziellen Mitarbeitern als ungünstig bewertet werden. Dabei sind es meistens die Agglomerations- und Verdichtungsräume, die für den Großteil der Menschen Vorteile bei der Arbeitssuche und dem finanziellen Überleben bieten. Die großen Städte sind jedoch gleichzeitig auch Problemräume, denn in ihnen offenbaren sich ökologische Belastungen durch zu viel Verkehr sowie hohe Mietpreise und zu wenige Erholungsräume.

3.1 Räumliche Disparitäten

Die Wirtschaftsräume eines Staates sind selten gleichwertig. Solche räumlichen Disparitäten lassen sich mit verschiedenen Indikatoren verdeutlichen.

Selbst in einem hochindustrialisierten, föderalen Wohlfahrtsstaat wie Deutschland sind die Lebensbedingungen nicht überall gleich. Lebensstandard, -qualität und -chancen können von Region zu Region ganz verschieden sein. Betrachtet man Geofaktoren wie Klima, Böden und Ressourcen, sind bestimmte Räume schon von Natur aus reicher ausgestattet als andere. Solche Gunsträume hatten besonders in der Vergangenheit immer wieder Vorteile: direkt als landwirtschaftlich genutzte Räume, indirekt als verkehrsgünstig an Küste oder einem Fluss gelegene Industriestandorte. Heute sind es eher Humanfaktoren, die Wirtschaftsräume begünstigen oder benachteiligen. So unterscheiden sich Räume durch ihre infrastrukturelle oder zentralörtliche Ausstattung (Dienstleistungs- und Versorgungsangebot, Arbeitsplatzangebot, Bildung und Kultur) oder aber auch durch ihre ökologische Situation. Wenn die Wirtschaftsgeographie räumliche Disparitäten analysiert, zieht sie aber vor allem ökonomische Kriterien heran, die über die Dynamik der wirtschaftlichen Entwicklung von Raumeinheiten Aufschluss geben (z.B. die Bedeutung der Wirtschaftssektoren, Branchenstruktur, -vielfalt).

M 1: Quellentext zu räumlichen Disparitäten
Bathelt, H., Glückler, J.: Wirtschaftsgeographie, 2003

Zentraler Ausgangspunkt wirtschaftsgeographischer Studien ist die empirisch gewonnene Erkenntnis, dass unausgeglichene Raumstrukturen und Raumungleichgewichte bestehen. Räumliche Disparitäten kennzeichnen die ungleiche räumliche Verteilung von Rohstoffen, Industrie und Städten. (...) Räumliche Disparitäten sind im eigentlichen Sinn keine räumlich bedingten Ungleichheiten. Sie resultieren z. B. daraus, dass wirtschaftliche Produktion nicht überall gleichartig organisiert ist. (...) Die Folge regionaler Disparitäten können regionale Wohlfahrtsunterschiede, regionale Unterschiede in der Erwerbslosigkeit und den Erwerbsmöglichkeiten sowie regionale Unterschiede in der Art und Konzentration wirtschaftlicher Aktivitäten sein. In Deutschland treten sie als Nord-Süd oder Ost-West-Unterschied, als Stadt-Land-Gegensatz oder als Ballungs- und Entleerungsprozess unterschiedlicher räumlicher Dimension auf.

Bruttoinlandsprodukt
Das Bruttoinlandsprodukt (BIP) ist ein Maß für die wirtschaftliche Leistung eines Landes. Es gibt alle neu zur Verfügung stehenden Waren- und Dienstleistungen zu ihren Marktpreisen an, die im Inland innerhalb eines Jahres von In- und Ausländern hergestellt wurden und dem Endverbrauch dienen.

Der offizielle Indikator für die Bewertung der wirtschaftlichen Leistung von Raumeinheiten ist das Bruttoinlandsprodukt (BIP). Auf verschiedenen Maßstabsebenen vergleichbar wird diese Maßzahl aber erst, wenn die Einwohnerzahl berücksichtigt wird. Dann spricht man vom Pro-Kopf-Einkommen. Es stellt allerdings auch nur einen Durchschnittswert dar, das heißt unterschiedliche Einkommen bleiben unberücksichtigt. Deshalb sind Aussagen zum generellen Pro-Kopf-Einkommen nur begrenzt aussagefähig. Hinzu kommt die Problematik, dass nur Durchschnittswerte für zumeist größere Raumeinheiten angegeben werden, die zu einer Fehlanalyse kleinräumiger Einheiten führen können. Einen etwas anderen Ansatz als das BIP hat das Bruttonationaleinkommen (BNE, früher Bruttosozialprodukt). Im Gegensatz zum Inlandsprinzip des BIP basiert es auf dem Inländerprinzip.

Es gibt außerdem noch eine Reihe weiterer ökonomischer Indikatoren. So ist Wirtschaftsstärke durch ein anhaltendes wirtschaftliches Wachstum gekennzeichnet. Es wird meist als jährliche Wachstumsrate des Pro-Kopf-Einkommens gemessen. Der Leistungsvergleich der Wirtschaftssektoren gibt Hinweise auf die wirtschaftliche Struktur eines Raumes. Ist er eher landwirtschaftlich geprägt oder dominieren Industriebetriebe, die Verwaltung oder der Tourismus? Der sekundäre Sektor wird gern herangezogen, um über die Gesamtentwicklung und den Anteil an den Wirtschaftssektoren hinaus die Entwicklung der Beschäftigtenzahl im Vergleich zum Umsatz zu betrachten. Die Umsatzsteigerung wird oft als Ergebnis des Personalabbaus bei gleichzeitig gesteigerter Produktivität als Folge der Automatisierung von Arbeitsprozessen gewertet. Die Exportquote ist hingegen ein Indikator, der anzeigt, wie stark ein Raum in die weltwirtschaftliche Arbeitsteilung eingebunden ist. Schließlich wird der Indikator Arbeitslosenquote eingesetzt, um wirtschaftliche Problemregionen zu identifizieren.

Gesellschaftliche und soziale Indikatoren, die die Lebenssituation der Bevölkerung ausdrücken, werden meist nur bei der Analyse des Entwicklungsstandes eines wirtschaftlich schwach- oder unterentwickelten Staates ausgewertet. Hierzu zählen zum Beispiel die Lebensbereiche Gesundheit (u.a. Geburten- und Sterbequote, Lebenserwartung), Bildung (Schulabschluss, Studium, Analphabetenquote), Ernährung (Kalorienverbrauch, Nahrungsmittelanteil tierischer Eiweiße), Haushaltsausstattung (Waschmaschine, Kühlschrank, Fernseher) und Motorisierungsgrad (Pkw je 1 000 Einwohner, Art der Motorisierung).

Die wirtschaftliche Entwicklung hängt langfristig aber auch von dem Grad der Nutzung natürlicher Ressourcen ab, denn diese sind begrenzt und entweder gar nicht oder nur in langen Zeitläuften regenerierbar. Deshalb ist Nachhaltigkeit („Sustainability") und eine nachhaltige Entwicklung („Sustainable Development") gefordert. Diese Nachhaltigkeit wird nicht mehr auf den Umgang mit Rohstoffen begrenzt, sondern schließt die Umwelt und damit einen Teil der Lebensqualität ein. Für die Bewertung von Nachhaltigkeit oder Umweltverbrauch gibt es aber noch keinen standardisierten internationalen Indikator. Ein Ansatz ist der ökologische Fußabdruck, bei der die Fläche berechnet wird, die ein Bewohner der Erde dauerhaft für die Aufrechterhaltung seines derzeitigen Lebensstils benötigt.

Räumliche Disparitäten existieren auf verschiedenen räumlichen Ebenen: global, international, interregional, intraregional und lokal. Die Maßstabsebene hat einen entscheidenden Einfluss auf die wirtschaftsgeographische Raumanalyse. Mit Blick auf verfügbare Daten, die sich in Statistiken widerspiegeln, bilden häufig administrative Einheiten die Grundlage der Raumanalyse. Der Hauptnachteil einer derartigen Vorgehensweise besteht darin, dass die Administration homogene Wirtschaftseinheiten mitunter zerschneidet. Zudem ist es nicht nur interessant, räumliche Disparitäten ausschließlich statisch zu betrachten (Strukturanalyse), sondern gerade der zeitliche Verlauf wirtschaftlicher Prozesse und Entwicklungen gibt Aufschluss über Raumzusammenhänge.

Inlandsprinzip
Alle innerhalb einer definierten Raumeinheit erbrachten Leistungen werden berücksichtigt, egal zu welcher Nation die wirtschaftenden Einheiten gehören.

Inländerprinzip
Alle von Wirtschaftssubjekten erbrachten Leistungen, die zu einer definierten Raumeinheit gehören (Inländer), werden berücksichtigt, egal ob sie sich in der Raumeinheit befinden oder nicht.

Bruttoproduktionswert
– Vorleistungen
= **Bruttowertschöpfung**

\+ Einfuhrabgaben
= **Bruttoinlandsprodukt**

\+ vom Ausland empfangene Erwerbs- und Vermögenseinkommen
– ans Ausland geleistete Erwerbs- und Vermögenseinkommen
= **Bruttonationaleinkommen**

M 2: *Berechnung volkswirtschaftlicher Kenngrößen*

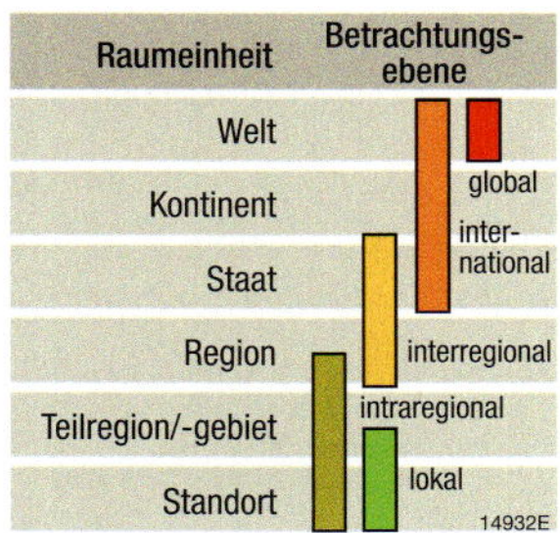

M 3: *Maßstabsebenen geographischer Betrachtung*

1. *Stellen Sie mögliche Gründe für räumliche Disparitäten zusammen.*

3.1.1 Wirtschaftsstruktur in Deutschland

Das in Deutschland schon längere Zeit vorhandene Süd-Nord-Gefälle der Wirtschaftskraft hat durch die Wiedervereinigung Modifikationen erfahren.

Die Wirtschaftskraft der deutschen Städte und Landkreise zeigt erhebliche Unterschiede. Neben dem Süd-Nord-Gefälle der alten Bundesländer existiert seit der Wiedervereinigung ein West-Ost-Gefälle zwischen alten und neuen Bundesländern. Die regionalen Unterschiede treten beim Bruttoinlandsprodukt (BIP), den Arbeitslosenquoten oder dem verfügbaren Haushaltseinkommen zutage. Dennoch gibt es auch im Süden der alten Bundesländer Regionen mit einer unterdurchschnittlichen wirtschaftlichen Entwicklung. Beispiele sind der Landkreis Südwestpfalz und der Rhein-Pfalz-Kreis mit weniger als der Hälfte des bundesdurchschnittlichen Pro-Kopf-Einkommens. Andererseits wird im Münchner Umland

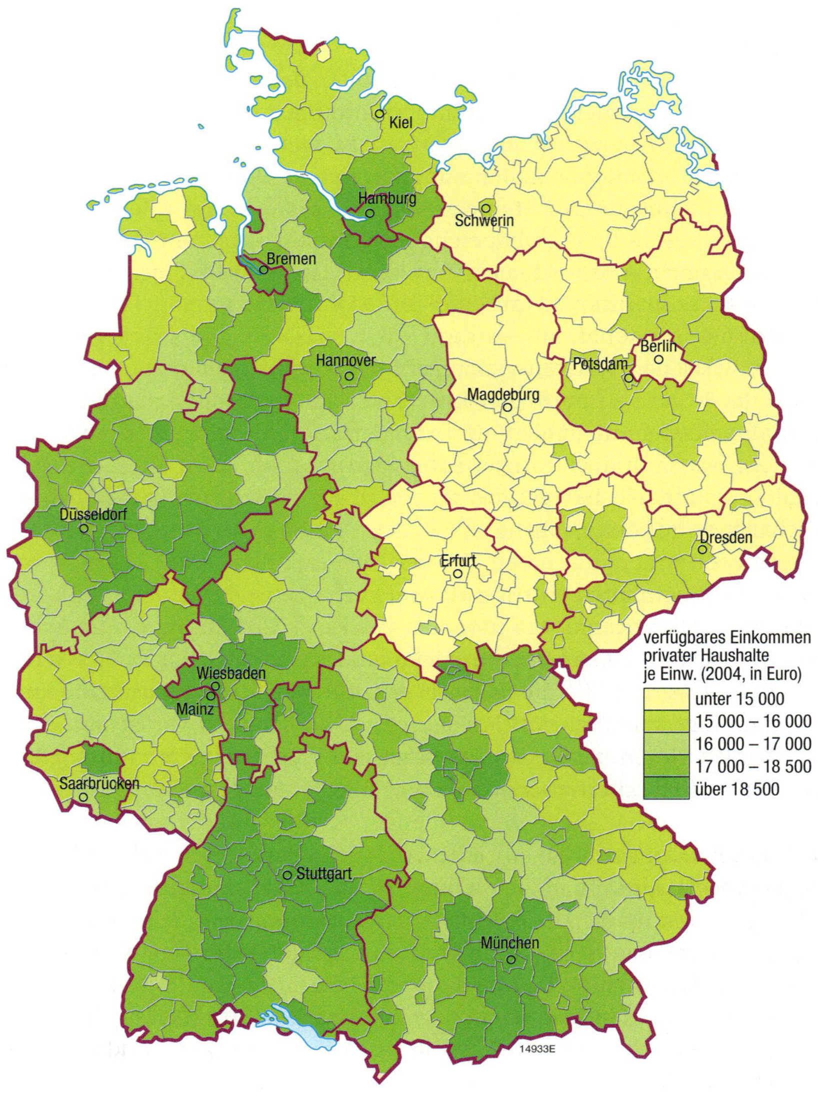

M 1: *Haushaltseinkommen in Deutschland (2004)*

bundesweit das höchste BIP pro Kopf erreicht, gefolgt von Frankfurt am Main und Wolfsburg. Der bundesweit höchste Wert liegt bei über 90 000 Euro pro Kopf, der niedrigste Wert knapp über 12 000 Euro. Die Werte zeigen zugleich die Problematik derartiger Statistiken an, denn der vordere Rang Wolfsburgs resultiert ausschließlich aus der hohen Produktivität des Volkswagenwerkes, die zu einem entsprechend hohen Durchschnittswert der gesamten Stadt führt. Sollte der Automobilproduzent jemals das Werk schließen müssen, wäre es um Wolfsburgs wirtschaftliche Sicherheit geschehen.

Auf Deutschlandkarten zur Wirtschaft zeigen sich immer wieder die gleichen Verteilungen: Zu den wohlhabendsten Regionen zählen die um Hamburg, Düsseldorf, Frankfurt am Main, Stuttgart und München. In den neuen Bundesländern fallen positive Werte im Umland von Berlin und Dresden mit seinem Umland auf. Die wirtschaftlich abgeschlagenen Gebiete liegen gehäuft in den neuen Bundesländern, bei denen Mecklenburg-Vorpommern besonders hervorsticht. In den alten Bundesländern sind es periphere und ländliche Gebiete in Schleswig-Holstein, Niedersachsen, Hessen und Bayern, die das wirtschaftliche Schlusslicht bilden.

Die Verteilung war nicht immer so. Noch vor wenigen Jahrzehnten führte das nordrhein-westfälische Ruhrgebiet Deutschlands wirtschaftsstärkste Regionen an, während Bayern weiträumig landwirtschaftlich geprägt war. Auch die jetzige Struktur wird sich in Zukunft ändern, erste Ansätze einer Dynamik sind zu erkennen: 1991 lag das BIP pro Einwohner in den neuen Ländern bei nur 9 442 Euro, 2007 war es bereits auf 21 810 Euro gestiegen. Die Vergleichswerte der alten Länder machen aber den immer noch bestehenden Unterschied deutlich: 1991 waren es 22 030 Euro, 16 Jahre später wurden 31 400 Euro erwirtschaftet.

Und auch Regionen abseits der großen Verdichtungsräume können wirtschaftlich prosperieren. So weisen die ländlichen Räume im westlichen Niedersachsen, die Regionen Münster und Paderborn in Nordrhein-Westfalen, Kassel und Fulda in Hessen, Heilbronn, Ulm und Freiburg sowie Regensburg und das Allgäu in Süddeutschland sowie die Regionen Magdeburg und Wismar in Ostdeutschland aktuell eine besonders starke Beschäftigungsdynamik auf.

Land	%
Baden-Württemberg	4,9
Bayern	5,3
Rheinland-Pfalz	6,5
Hessen	7,6
Saarland	8,4
Schleswig-Holstein	8,4
Niedersachsen	8,9
Deutschland	9,0
Hamburg	9,2
Nordrhein-Westfalen	9,5
Bremen	12,7
Thüringen	13,2
Sachsen	14,7
Brandenburg	14,9
Berlin	15,5
Sachsen-Anhalt	16,0
Mecklenburg-Vorpommern	16,5

M 2: *Arbeitslosenquote 2007 (in %)*

1. *Gruppieren Sie die Bundesländer anhand der Arbeitslosenquoten (M 2). Nehmen Sie Stellung zu Ihrem Ergebnis.*
2. *Vergleichen Sie Deutschlands Raumstruktur bei den Haushaltseinkommen (M 1) und den Arbeitslosenquoten (M 2).*

Durch eine gemeinsame Anstrengung wird es uns gelingen, Mecklenburg-Vorpommern und Sachsen-Anhalt, Brandenburg, Sachsen und Thüringen schon bald wieder in blühende Landschaften zu verwandeln, in denen es sich zu leben und zu arbeiten lohnt. (...) Viele Landsleute in der DDR werden sich auf neue und ungewohnte Lebensumstände einstellen müssen und auch auf eine gewiss nicht einfache Zeit des Übergangs. (...) Den Deutschen in der DDR kann ich sagen (...): Es wird niemandem schlechter gehen als zuvor, dafür vielen besser.

Bundeskanzler Helmut Kohl am 1. Juli 1990

Die Neuen Bundesländer sind auf ihrem Weg zu einer wettbewerbsfähigen Wirtschaft seit der Wiedervereinigung ein beträchtliches Stück vorangekommen. Vieles ist bisher erreicht worden, so im Bereich der Industrie; dennoch sind unübersehbare Defizite vorhanden. Um Anschluss an das Niveau in den Alten Bundesländern zu erreichen, ist ein Weg zu durchschreiten, der länger und mühsamer ist, als zu Beginn des Umstrukturierungsprozesses allseits erwartet wurde. Vor allem die hohe Arbeitslosigkeit ist eine große Belastung. Es ist daher weiterhin notwendig, die wirtschaftliche Basis mit wettbewerbsfähigen Unternehmen zu verbreitern.

Bundesministerium für Wirtschaft und Technologie 2008

3.1.2 Räumliche Mobilitätsprozesse

Während Bevölkerungsabwanderung ein typisches Merkmal wirtschaftsschwacher Räume ist, sind wirtschaftsstarke Räume bevorzugte Siedlungsräume. Daher sind Wanderungsbewegungen Ausdruck räumlicher Disparitäten.

Die großräumigen Wanderungsbewegungen innerhalb Deutschlands sind an die regionalen Lebens- und Arbeitsbedingungen der Herkunfts- und Zielregionen gekoppelt. In der Regel ziehen die Menschen von einer Region hoher Arbeitslosigkeit in eine Region mit einer besseren Arbeitsmarktsituation und Lebensqualität (hohe Wohnqualität, gute Freizeit- und Erholungsmöglichkeiten). Gewinner dieser Wanderungsströme sind die prosperierenden Wirtschaftsräume, Verlierer die peripheren und ländlichen Regionen sowie die strukturschwachen Industrieregionen. Bedeutsame großräumliche Wanderungsströme innerhalb von Deutschland führen von Ost- nach Westdeutschland sowie von Norddeutschland und Nordrhein-Westfalen in die süddeutschen Länder.

Vier der fünf ostdeutschen Bundesländer haben die geringste Bevölkerungsdichte in Deutschland, verursacht durch Abwanderungen als Folge fehlender beruflicher Perspektive nach der Wende 1989. Innerhalb der Bezirke fallen die Unterschiede in den ostdeutschen Bundesländern noch deutlicher aus und zeigen in peripheren Regionen ohne eine nennenswerte wirtschaftliche Perspektive geradezu ein Aussterben der Bevölkerung, gekoppelt mit einer Überalterung an. Eines der größten Probleme der ostdeutschen Bundesländer besteht in der Abwanderung des Zukunftspotenzials, sprich der frisch ausgebildeten und fachlich qualifizierten Arbeitskräfte. Der wichtigste Grund für den Wegzug ist ein Arbeitsplatz am Zielort, gefolgt von persönlichen und familiären Motiven, vor allem der Nachzug zum Ehe- oder Lebenspartner, der zuvor bereits den bisherigen Wohnort verlassen hatte.

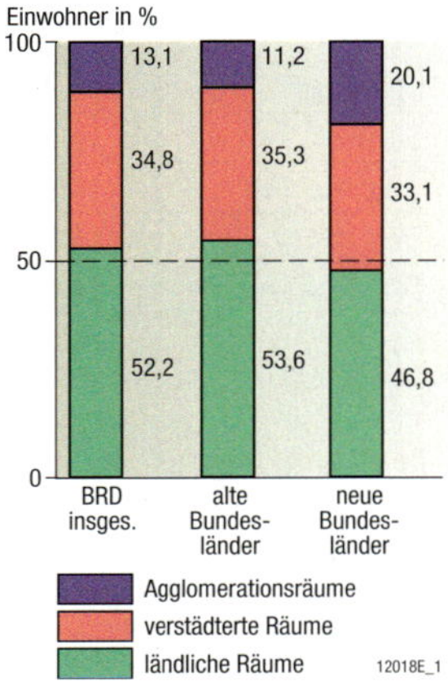

Einwohner in %
100
50
0
BRD insges.: 13,1 / 34,8 / 52,2
alte Bundesländer: 11,2 / 35,3 / 53,6
neue Bundesländer: 20,1 / 33,1 / 46,8
Agglomerationsräume
verstädterte Räume
ländliche Räume
12018E_1

M 1: *Bevölkerungsverteilung in Deutschland nach Raumkategorien*

M 2: Quellentext zu den Trends bei den Wanderungsbewegungen in Deutschland
Jung, H.-U.: Regionalbericht Norddeutschland 2005

Daneben verstärkt sich auch die räumliche Mobilität älterer Menschen, die sog. Ruhesitzwanderer, die mit dem Ausscheiden aus dem Erwerbsleben häufig räumlich unabhängiger werden. Zielgebiete dieser Wanderungsströme sind Regionen mit attraktiven Wohn- und Lebensbedingungen für ältere Menschen, z.B. landschaftlich reizvolle Gegenden mit guter altersgerechter Infrastrukturausstattung.

Ebenfalls stark zunehmend ist die räumliche Mobilität junger Menschen in der Ausbildungs- und Berufseinstiegsphase etwa zwischen dem 18. und dem 30. Lebensjahr. Der verstärkte Besuch von weiterführenden Bildungseinrichtungen, die zumeist in größeren Städten und in den großstädtischen Zentren konzentriert sind, führt in den großstadtfernen Gebieten zu selektiven Abwanderungserscheinungen (...). Die Jugendlichen kehren als qualifizierte Kräfte nur dann in die Heimatregion zurück, wenn sie dort im Umfeld entsprechende Beschäftigungsmöglichkeiten erwarten können. Mit zunehmender Qualifizierung junger Menschen steigt die Attraktivität großstädtischer Arbeitsmärkte mit ihren vielfältigen Angeboten erheblich, und die Gefahr selektiver Verluste der ohnehin schon schmalen Basis qualifizierter Kräfte für ländliche Räume vergrößert sich tendenziell.

Neben diesen eher großräumlichen Wanderungsbewegungen beobachten wir seit langem intensive Wanderungsströme aus den großstädtischen Zentren in ihr

1. *Diskutieren Sie die Zusammenhänge zwischen Deutschlands räumlichen Disparitäten und den Wanderungsbewegungen innerhalb des Landes.*
2. *Erarbeiten Sie mögliche Strategien, um Abwanderungen aus benachteiligten Regionen zu verhindern.*

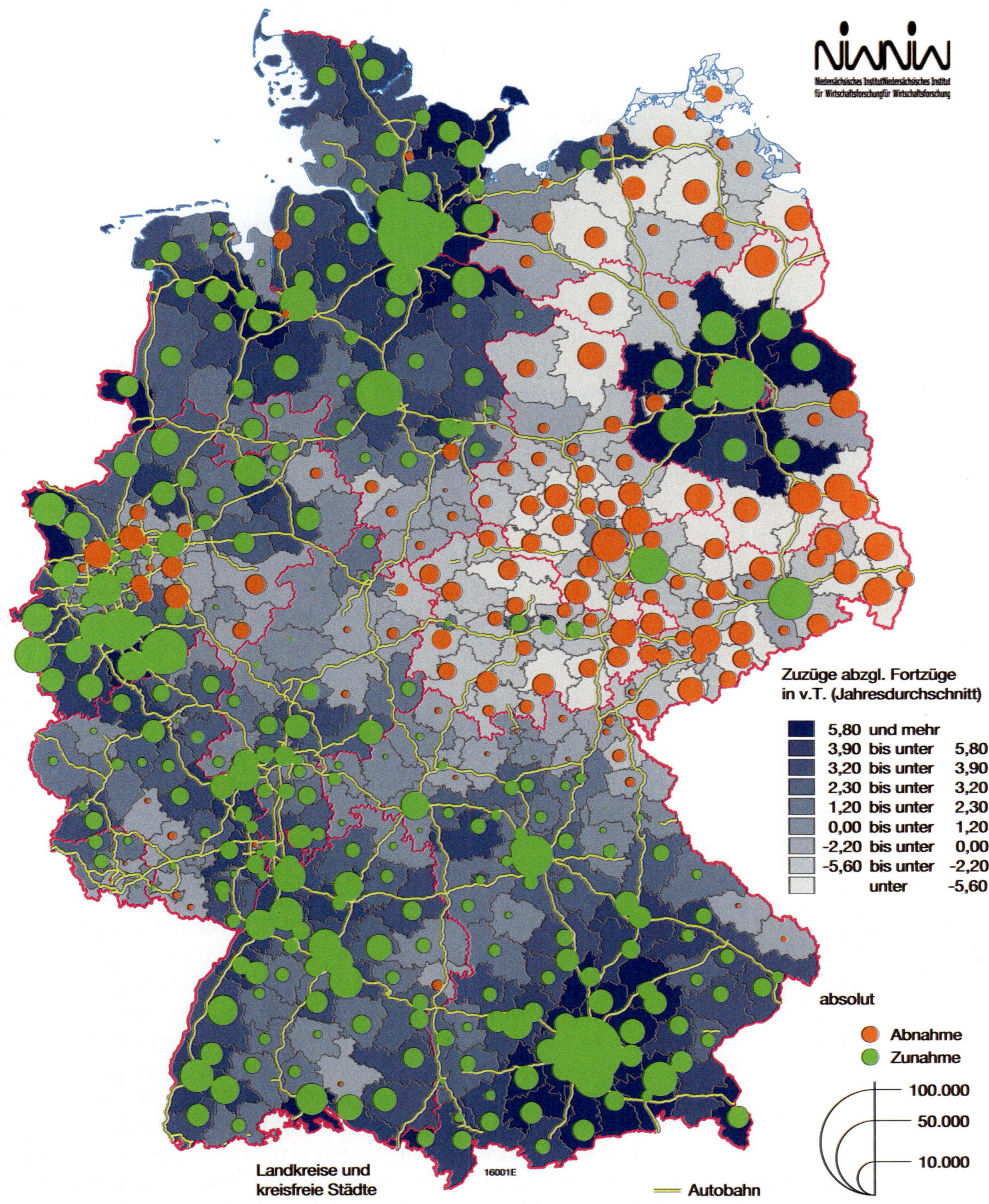

näheres und weiteres Umland im Rahmen der so genannten „Suburbanisierung", die zu einer Ausweitung großstädtischer Verdichtungsräume führen. Diese Wanderungsbewegungen sind überwiegend wohlstandsorientiert, die Arbeitsplätze in den Zentren werden in vielen Fällen beibehalten, so dass diese Entwicklung mit einer Verstärkung der Berufspendlerzahlen und einem entsprechenden Anwachsen der Verkehrsbelastungen verbunden ist.

M 3: *Wandersaldo in den Landkreisen und kreisfreien Städten*

3.2 Wirtschaftsstarke Räume

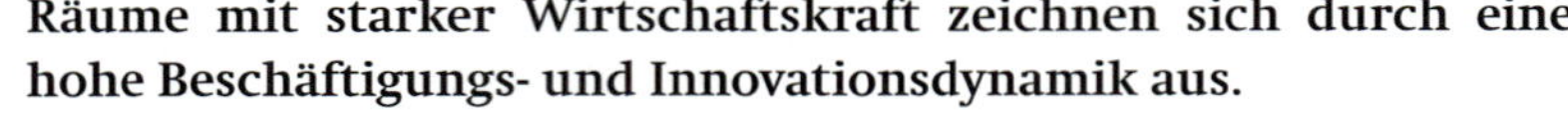

Räume mit starker Wirtschaftskraft zeichnen sich durch eine hohe Beschäftigungs- und Innovationsdynamik aus.

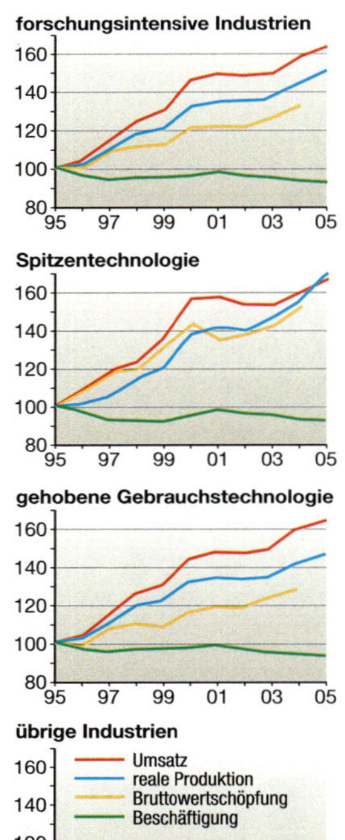

M 1: *Umsatz, Produktion, Wertschöpfung und Beschäftigung in der verarbeitenden Industrie Deutschlands 1995 bis 2005*

Die Beschreibung der Wirtschaftsstärke eines Raumes erfolgt mit Hilfe von wirtschaftlichen und gesellschaftlichen Indikatoren, die sich in der Regel in Interaktionen widerspiegeln. Die Wirtschaftsstärke wird durch Wachstumsdeterminanten wie Arbeit (u.a. niedrige Arbeitslosenzahlen, starke Zuwanderung hoch qualifizierter Arbeitnehmer), Kapital, Boden, technisches Wissen und hohe Innovationsdynamik (neue Wachstumsfelder wie Luft- und Raumfahrt, Umwelttechnologie, Gesundheit/Wellness) bestimmt. Weitere, aber unterschiedlich gewichtete Kennzeichen eines wirtschaftsstarken Raumes sind hohe Lebensqualität und hoher Freizeitwert.

Bis in die 1970er-Jahre waren natürliche Rohstoffquellen, geringe Entfernung zu den Kohle- und Stahlrevieren und Wasserstraßenanschluss die wirtschaftlichen Triebfedern. Heute sind Innovationen und technischer Fortschritt grundlegend für die Wettbewerbsfähigkeit. Deshalb stehen Medien, Versicherungen und Finanzen neben der IT-Branche für Wirtschaftsstärke. Hinzu kommen Einflüsse wie endogene Raumentwicklung und Clusterbildung mit dem Agglomerationseffekt einer intensiven Technologie- und Marktverflechtung. So wird die Standortnähe zu Forschungseinrichtungen als immer wichtiger erachtet. Das gilt vor allem für Unternehmen, die Güter produzieren, die wegen der technischen Entwicklung nur kurzlebig sind.

Dabei ist eine Abnahme von Arbeitsplätzen keineswegs ein Indiz für eine beginnende Wirtschaftsschwäche. An einem intakten Wirtschaftsstandort ist vielmehr das Gegenteil der Fall, denn es ist der generelle Trend eines modernen und effektiv produzierenden Betriebes, zu rationalisieren und zu automatisieren und damit Arbeitsplätze vor allem im Niedriglohnbereich abzubauen und gegebenenfalls wegen der Lohnkosten ins Ausland zu verlagern. Somit schließt regionale Wirtschaftsstärke die Reduzierung der Arbeitsplätze im Interesse einer höheren Profitabilität nicht aus.

Ein weiterer wichtiger Faktor des Erfolgs ist ein Mix von verschiedenen traditionellen und modernen Industrie- und Dienstleistungsbranchen sowie unterschiedlichen Betriebsgrößen. Gut ausgebildete Fachkräfte und deren ständige Weiterbildung sind eine wesentliche Voraussetzung für innovative Prozesse sowie die permanente Erneuerung von Produkten und Dienstleistungen. Die Technologie signalisiert die wirtschaftliche Dynamik von morgen. An einem exzellenten Innovationsstandort arbeiten produktionsbezogene Dienstleistungen von Industrie und Handwerk mit einer Vielzahl und Vielfalt von Forschungs- und Entwicklungseinrichtungen eng zusammen.

Messen sind ein weiterer wichtiger Indikator für Wirtschaftstärke. Deshalb sind Großstädte bemüht, sich als internationaler Messestandort auszuweisen. Bezeichnenderweise zählen dazu Stuttgart, Nürnberg, München, Berlin, Hannover, Köln, Düsseldorf, Frankfurt am Main, Dresden und Leipzig. Hannover hat die Expo 2000 auf dem Messegelände ausgerichtet; Dresden und Stuttgart bauen momentan das Messegelände aus,

1. *Analysieren Sie die Entwicklungen in der verarbeitenden Industrie Deutschlands (M 1) im Zusammenhang mit der regionalen Beschäftigtenentwicklung (M 2).*
2. *Beurteilen Sie Münchens Stellung als Wirtschaftsraum innerhalb von Deutschland.*

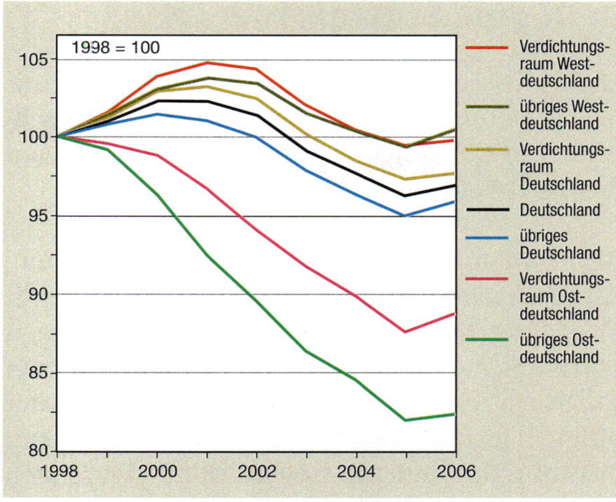

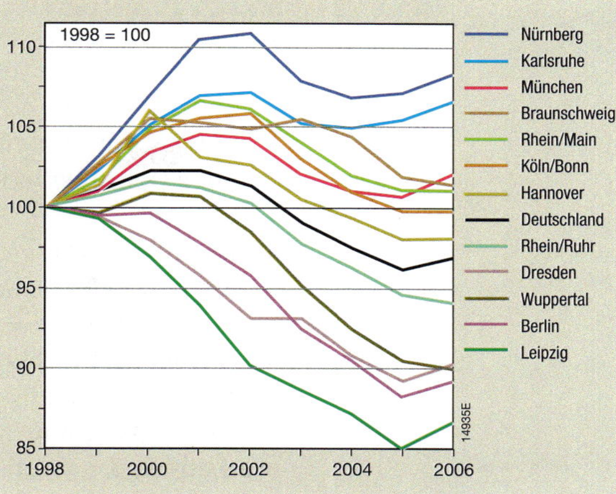

M 2: *Regionale Beschäftigtenentwicklung in Deutschland*

wobei Stuttgarts Messegelände einen Anschluss im Zuge der Erneuerung des Bahnhofes und geänderten Trassenführungen nutzen wird.

Die bislang genannten Indikatoren sind der Volkswirtschaftslehre entliehen. Reine Wirtschaftsfakten sind jedoch nur die eine Seite eines wirtschaftsstarken Raums. Zu beachten ist auch die Lebenssituation der Menschen. Die Wirkung räumlicher Umwelt- und Lebensbedingungen wird in der Fachwissenschaft allerdings kontrovers beurteilt. Einerseits wird die Ansicht vertreten, sie beeinflusse die Standortansiedlung nur marginal, andererseits weisen Arbeitskräfte auf die zunehmende Bedeutung von Aspekten der Lebensqualität hin. Die Standortentscheidung eines Unternehmers wird nicht ausschließlich humankapitalorientiert ausfallen, doch wird er besonders mit Rücksicht auf die Ansprüche seiner hochqualifizierten Mitarbeiter auf deren Wohnstandortansprüche und Aspekte der Lebensqualität achten.

Die Region München ist eine der dynamischsten Regionen in Europa überhaupt. Kennzeichnend für die herausgehobene Stellung ist u.a. ein überproportional hoher Anteil an Arbeitsplätzen im Hightech-Segment: 12 % der Beschäftigten in der Arbeitsmarktregion haben einen Hochschul- oder Fachhochschulabschluss, das ist bundesweite Spitze. Verglichen mit den übrigen deutschen Großstädten hat die Stadt München mit 6,6 % die niedrigste Arbeitslosenquote und mit 3,4 % die niedrigste Quote an Sozialhilfeempfängern. (...) In München verdient man bundesweit im Durchschnitt am meisten und gibt auch am meisten aus. Die Kaufkraft gehört mit einem Indexwert von 139,3 (Deutschland = 100) zu den höchsten der Bundesrepublik. Noch höher ist sie lediglich im so genannten Speckgürtel von Frankfurt a. M. und – wiederum – von München (Landkreise Starnberg und München).

In den immer häufiger durchgeführten Städterankings ist München stets auf den obersten Plätzen zu finden. Im deutschen Städtetest der Wochenzeitung Wirtschaftswoche (Düsseldorf) beispielsweise erhält München Höchstnoten für Wohlstand, Arbeitsmarkt und Sozialstruktur (...). Derartige Studien sind allerdings nur sehr eindimensional auf bestimmte Wachstumsindikatoren ausgerichtet. Von großer Bedeutung sind aber auch die weichen Standortfaktoren wie Freizeit- und Lebensqualität, die das positive Gesamtimage Münchens noch weiter untermauern.

M 3: Quellentext zur wachstumsstarken Region München
Popp, M.: *München – boomende Stadtregion mit „Schönheitsfehlern". Geographische Rundschau 6/2006*

	Kaufkraft je Ew. (in Euro)
LK Starnberg	26 800
Hochtaunuskreis	26 599
Main-Taunus-Kreis	24 722
LK München	24 626
Stadt München	24 358
Bayern	18 809
Deutschland	17 422

M 4: *Kaufkraft in den kaufkraftstärksten Stadt- und Landkreisen (2004)*

3.2.1 Fallstudie: Region Stuttgart

Die besonders auf den Automobilbau konzentrierte Region Stuttgart gehört zu den prosperierendsten Wirtschaftsräumen Deutschlands. Im letzten Jahrzehnt hatte sie aber auch unter den Folgen der Deindustrialisierung zu leiden.

Die Region Stuttgart war bis Anfang des 19. Jahrhunderts von der Landwirtschaft geprägt. Als das Erbrecht die Nutzfläche jedes Einzelnen mit jeder Generation verkleinerte, suchte man nach anderen Möglichkeiten des Unterhalts. Die Entwicklung der Region zum industriellen Zentrum Südwestdeutschlands war jedoch keineswegs vorgegeben. Sie besaß weder bedeutende Kohlevorkommen noch Eisenerze. Auch Verkehrswege zum Heranschaffen dieser wichtigen Rohstoffe fehlten. Der Raum war durch Fluss und Höhenzügen zerschnitten. Trotz der Erfolge der Erfinder Robert Bosch, Gottlieb Daimler und Ferdinand Porsche fehlte dem Wirtschaftswachstum der Region daher bis ins 20. Jahrhundert die Dynamik. Der Aufschwung erfolgte erst nach dem Zweiten Weltkrieg, als Industrielle die sowjetische Besatzungszone auf der Suche nach einem neuen Standort verließen. Stuttgart war gegenüber den Altindustrieregionen Ruhrgebiet und Saarland attraktiv, weil die Umweltbelastung geringer und das Lohnniveau niedriger waren sowie die Konkurrenzsituation fehlte.

13,5
5,1
10,1
52,1
19,3
14938E

Fahrzeugbau
Maschinenbau
EDV-Geräte, E-Technik, Feinmechanik
Metallerzeugnisse
sonstige Industrie

M 1: *Umsatzanteile im verarbeitenden Gewerbe in der Region Stuttgart (in %)*

Der geographische Nachteil der Region Stuttgart sind heute die weitgehend erschöpften Expansionsmöglichkeiten im Neckartal. Dies ist Folge eines beispielhaften Wirtschaftswachstums, das aus der Neckarregion nach dem Rhein-Ruhr-Gebiet das zweitgrößte industrielle Kraftfeld Westdeutschlands machte. Der europäische Einigungsprozess näherte zudem den Südwesten Deutschlands an das wirtschaftsgeographische Zentrum Europas an. Heute drängen sich monotone Industrien und Siedlungen auf engstem Raum entlang des kanalisierten Neckars. Seine Funktion hat sich vom Transportweg zu einem Kühlwasserspender für Dampf- und Kernkraftwerke und Abwasserkanal für die Siedlungen gewandelt.

Grundlage des wirtschaftlichen Erfolges ist die verarbeitende Industrie, vor allem die Metallindustrie, deren hochwertige Produkte von Anfang an größtenteils exportiert wurden. Im Jahr 2004 erzielte der Fahrzeugbau in der Region Stuttgart knapp 60 Prozent des Branchenumsatzes

M 2: *Daimler in Stuttgart-Untertürkheim*

in Baden-Württemberg. Mit 50 Prozent des gesamten Umsatzes im verarbeitenden Gewerbe gilt die Automobilindustrie nach wie vor als Garant für Wachstum und Beschäftigung im Wirtschaftsraum um Stuttgart. In der Region werden bundesweit die höchsten Löhne und Gehälter gezahlt. Im Jahr 2002 verdiente ein Arbeitnehmer in Stuttgart im produzierenden Gewerbe über die Hälfte mehr als im nationalen Durchschnitt.

Auch bei den Forschungsausgaben durch Unternehmen erfreut sich die Region Stuttgart einer herausragenden Position. Mehr als jeden zehnten Euro, den Unternehmen in Deutschland für Forschung und Entwicklung ausgeben, investieren sie in der Region Stuttgart, täglich 13 Mio. Euro. Dies entspricht einem extrem hohen Anteil von 6,1 Prozent des Bruttosozialprodukts. Daimler nahm im Jahr 2006 unter den EU-Unternehmen hinsichtlich der Aufwendungen für Forschung und Entwicklung Rang 1 ein. Bosch, ebenso wie Daimler ansässig in Stuttgart, Zulieferer von Elektronik für den Automobilbau, nimmt in der EU Rang 7 ein. Die Automobilbranche ist in hohem Maße innovationsgetrieben. Ihre aufwändigen Entwicklungsaufgaben verlagern die Hersteller in den letzten Jahren aus Kostengründen zunehmend auf Zulieferer, Entwicklungsdienstleister (Ingenieurbüros etc.) und Forschungsinstitute.

Eine weitere Voraussetzung für den Erfolg ist die leistungsfähige Infrastruktur. Stuttgart verfügt über Anschlüsse an mehrere Autobahnen und über einen Flughafen, dessen kurze Landebahnen im Stuttgarter Talkessel jedoch für Großraumflugzeuge ungeeignet sind. Das Pendeln zwischen Wohnort und Arbeitsplatz wird durch ein gut ausgebautes Nahverkehrssystem gestützt. 205 285 sozialversicherungspflichtig beschäftigten Einpendlern (über die Kreisgrenze) stehen 57 388 Auspendler (über die Kreisgrenze) gegenüber. Es ist nicht verwunderlich, dass die Region Stuttgart ein überdurchschnittlich hohes Bevölkerungswachstum verzeichnete. Zusätzlich zu den Zuwanderungen aus dem Ausland migrierten Bewohner aus dem weiteren Umland. Die beispiellose Bevölkerungszunahme von 11,8 Prozent im Zeitraum 1980 bis 2002 ist auch eine Folge der guten Arbeitsbedingungen in der Industrie.

Index
1989 = 100
Tertiärer Sektor
Primärer Sektor
Sekundärer Sektor
14936E

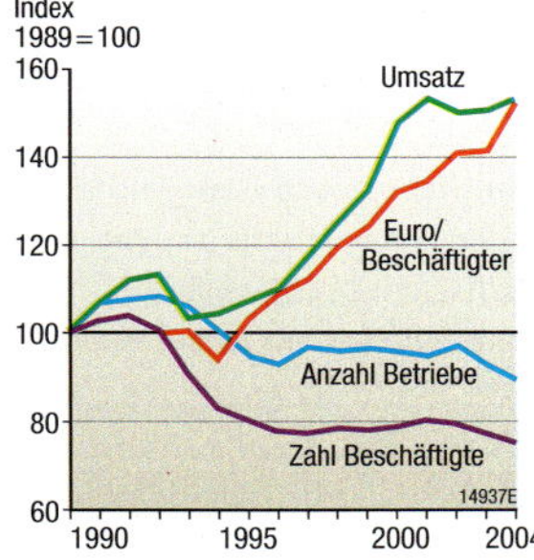

M 3: *Entwicklung der Sektoren und der Beschäftigung im Verarbeitenden Gewerbe in der Region Stuttgart*

Das hohe wirtschaftliche Leistungsniveau verstellt jedoch den Blick auf die mittlerweile unterdurchschnittliche Wachstumsdynamik der Region Stuttgart. Die Entwicklung seit Anfang der 1990er-Jahre ist durch einen massiven Abbau von Arbeitsplätzen in der verarbeitenden Industrie gekennzeichnet. Auch wenn der Dienstleistungssektor die Stellenverluste ausgleichen konnte, ist diese Entwicklung aus mehreren Gründen problematisch:

- *die Bruttowertschöpfung pro Beschäftigten ist im tertiären Sektor geringer, was sich auch auf das Lohnniveau auswirkt;*
- *im tertiären Sektor sind anstelle von Vollzeitkräften in größerem Umfang Teilzeitkräfte beschäftigt;*
- *die wirtschaftliche Teilhabe der unterschiedlichen gesellschaftlichen Gruppen an dieser Entwicklung unterscheidet sich;*
- *das Wachstum der Dienstleistungen verlor in den letzten Jahren an Dynamik.*

Damit erscheint es fraglich, ob der Dienstleistungssektor den bevorstehenden weiteren Abbau von Arbeitsplätzen im sekundären Sektor in dem bisherigen Maße auffangen kann.

M 4: Quellentext zur Deindustrialisierung in der Region Stuttgart

Plahuta, S., Halder, G.: Wirtschaftliche und soziale Folgen der Deindustrialisierung – das Beispiel Stuttgart. Geographische Rundschau 6/2006

1. *Benennen Sie die Gründe für Stuttgarts heutige Wirtschaftsstärke.*

3.3 Wirtschaftsschwache Räume

Räume mit schwacher Wirtschaftskraft sind durch Abwanderung, Arbeitslosigkeit und häufig eine territoriale Randlage gekennzeichnet.

Die wirtschaftliche Leistung wird oft nach Wirtschaftssektoren differenziert, um den Entwicklungsschwerpunkt herauszustellen. Für die Messung der regionalen Wirtschaftsschwäche wird zumeist die Produktion und Beschäftigung in den drei Wirtschaftssektoren sowie deren Anteil an diesen Sektoren vergleichend herangezogen. Die Wirtschaftsschwäche einer Region wird am ehesten am vergleichsweise geringen Anteil des sekundären Sektors ablesbar, denn dieser trägt am stärksten zur Wirtschaftskraft eines wirtschaftlich entwickelten Staates bei. Wirtschaftliche Problemregionen sind zudem durch das Stigma einer vergleichsweise hohen Arbeitslosenquote gekennzeichnet. Sowohl in Westdeutschland als auch in Ostdeutschland haben die Länder mit stärkerem wirtschaftlichen Wachstum auch eine günstigere Beschäftigtenentwicklung.

Sämtliche neuen Bundesländer leiden unter massiven demografischen Problemen: Über 1,5 Millionen vor allem junge und talentierte Menschen sind seit der Wende abgewandert, darunter deutlich mehr Frauen als Männer. Wer zurückbleibt, ist oft sozial schwach, einkommensschwach, wenig mobil, häufig von Transferleistungen abhängig – also ein Versorgungsfall. Demografische Probleme ziehen somit ernste wirtschaftliche Probleme nach sich.

Berlin-Institut 2007

Die regionale Ausdifferenzierung der Wirtschaftsschwäche in Deutschland lässt sich auch mit der demographischen Entwicklung (Anteil der jungen Arbeitskräfte an der Gesamtbeschäftigtenzahl), der Bildung und dem Motorisierungsgrad je Haushalt verdeutlichen. Die Lebensqualität hängt wesentlich von der Höhe des Einkommens ab. Dieses hinkt in Ostdeutschland insgesamt hinter dem Westdeutschlands her. Problematisch für die Wirtschafts- und Siedlungsentwicklung in Ostdeutschland ist außerdem die Abwanderung des Bildungspotenzials und der jungen Arbeitskräfte. Nicht minder bedenklich ist, dass viele nach dem Studium dem Osten den Rücken zukehren, obwohl gerade Wissen und Know-how für die wirtschaftliche Entwicklung einer Region immer wichtiger geworden ist.

	Verfügbares Einkommen je Einwohner (in Euro)			Arbeitslosenquote (in %)	Verschuldung je Einwohner (in Euro)	Arbeitsproduktivität (BIP zu Marktpreisen je Einwohner, in Euro)
	1991	2000	2007	2007	2006	2007
Baden-Württemberg	14409	17453	19845	4,9	4449	63694
Bayern	13733	16906	19285	5,3	3016	66404
Berlin	12456	14296	15099	15,5	17354	52002
Brandenburg	7568	13567	15000	14,9	7385	50815
Bremen	16071	18926	20850	12,7	20149	68188
Hamburg	16482	19225	23849	9,2	12367	81966
Hessen	13592	16354	18833	7,6	6103	69924
Mecklenburg-Vorpommern	6688	12832	14266	16,5	7381	47360
Niedersachsen	12759	15662	17518	8,9	7041	57279
Nordrhein-Westfalen	14040	17116	19104	9,5	7577	61682
Rheinland-Pfalz	12756	15639	17538	6,5	7412	57351
Saarland	11430	15415	17618	8,4	9260	58411
Sachsen	7231	13505	14949	14,7	3693	47530
Sachsen-Anhalt	6914	13085	14332	16,0	9152	50767
Schleswig-Holstein	13319	15684	17395	8,4	8547	57566
Thüringen	7160	13266	14521	13,2	7968	47361

M 1: *Wirtschaftsindikatoren nach Bundesländern*

Als wirtschaftsschwach gelten grundsätzlich auch ländliche Räume, die landwirtschaftlich geprägt sind und die Bevölkerung nicht mehr hinreichend versorgen, weil die Mechanisierung der Landwirtschaft Arbeitskräfte freisetzt, weil der Boden nicht mehr ertragreich genug ist oder weil die Realerbteilung zu einer Flurzersplitterung führte, die ein effektives Wirtschaften ausschloss. Flurbereinigungen schaffen nur begrenzt Abhilfe, weil der (wirtschaftlich nicht mehr auskömmliche) Gesamtbesitz der Erben dadurch unverändert bleibt.

Die Regionen an der ehemaligen deutsch-deutschen Grenze, der Grenze zu Polen sowie der Küstenraum und der ostdeutsche Mittelgebirgsraum zählen zu den relativ schwach entwickelten Wirtschaftsregionen, auch wenn sich deren Situation kleinräumig verbessert hat. Mit der Öffnung der innerdeutschen Grenze hatte sich das räumliche Muster der wirtschaftlichen Entwicklung vorübergehend positiv verändert. Das galt vor allem für das Wachstum im ehemaligen Grenzbereich unmittelbar nach 1990 für die Konsumgüterindustrien und Händler sowie das Baugewerbe. Von dem Ausbau der Verkehrswege nach Berlin profitierten die dort gelegenen Gemeinden und Gewerbegebiete.

Auch die Geschichte Berlins ist von der Grenzziehung geprägt. Aufgrund der Teilung kam Berlin für die Bundesrepublik Deutschland nicht mehr als Hauptsitz für die Industrie in Frage, sodass der ehemals bedeutende Standort des Elektro- und Maschinenbaus zu Zeiten des geteilten Berlins diese Bedeutung verloren hat. Der Zusammenbruch der Märkte in Ostmittel- und Osteuropa, die oft veraltete technische Ausrüstung, Kapitalschwäche der Betriebe, aber auch die häufig zu spät einsetzende betriebliche Sanierung durch die Treuhandanstalt haben nach 1990 zum Zusammenbruch des Industriesektors im ehemaligen Ostteil Berlins geführt und zu Brachen größeren Stils beigetragen. Zehn Jahre nach der Wiedervereinigung der beiden Stadthälften waren in der Berliner Industrie fast 120 000 Beschäftigte tätig, knapp ein Drittel des Standes von 1990. Im ehemaligen Ostteil sind im selben Zeitraum sogar nur knapp ein Fünftel der Arbeitsplätze im verarbeitenden Gewerbe erhalten geblieben. Rund 100 mittlere und größere Betriebe siedelten sich bereits in der ersten Hälfte der 1990er-Jahre im Berliner Umland an. Andere verlagerten ihre Produktion in Teile Europas, in denen die Herstellungskosten niedriger sind, oder mussten ihren Betrieb einstellen. Forschungsabteilungen und industrienahe Dienstleistungen entwickelten sich in der Nähe neuer Vorstandssitze. Der Wegfall von Subventionen als künstliche Standortpräferenzen beschleunigte den Rückgang des verarbeitenden Gewerbes. Deshalb legt Berlin als Bundeshauptstadt heute den Schwerpunkt auf die Entwicklung von Dienstleistungen im Finanzwesen, in der Rechts- und Unternehmensberatung, der Architektur und Planung, in der Entwicklung von Software sowie im Medien- und Kultursektor.

Berlin ist aber zugleich ein Beispiel, dass ein wirtschaftsschwacher Raum eine hohe Attraktivität besitzt. Die Stadt war schon immer ein begehrter Wohnsitz, die allgemeine Infrastruktur und vor allem das Kulturangebot reizten nicht nur den Besucher. Berlin hält ausgedehnte Wald- und Seenflächen vor und bietet somit ein großes Betätigungsfeld für Freizeitaktivitäten. Der Status als Bundeshauptstadt hat Berlin weiter aufgewertet. Dank der Fehlspekulationen ist Wohnraum nicht so teuer wie anfangs zu befürchten war.

In der alten Industriemetropole Berlin, die einst Weltfirmen wie Borsig, Siemens und AEG beherbergte, leben heute genauso viele Menschen von staatlichen Zahlungen wie vom eigenen Lohn. Nur noch 30 Prozent aller Berliner gehen einer regulären Vollzeitbeschäftigung nach, mit den entsprechenden Folgen für den Stadthaushalt. Acht Milliarden Euro an Steuereinnahmen stehen einem Ausgabenblock von 21 Milliarden Euro gegenüber.

Gabor Steingart

1. *Bilden Sie bei den Bundesländern drei Kategorien zur Wirtschaftsstärke. Welche beiden Bundesländer sind die stärksten, welche beiden die schwächsten?*
2. *Erörtern Sie, ob Abwanderungen Wirtschaftsschwäche erzeugt oder Wirtschaftsschwäche Abwanderungen.*
3. *Erläutern Sie die Zusammenhänge zwischen der deutschen Teilung und der Wirtschaftskraft einer Region am Beispiel von Berlin.*

3.3.1 Fallstudie: Meyer-Werft in Papenburg

Die Bedeutung der Papenburger Meyer-Werft als Arbeitgeber in der strukturschwachen Region ist hoch. Die Werft hat sich trotz Branchenkrise durch die Spezialisierung auf den Bau von Kreuzfahrtschiffen international konkurrenzfähig gehalten.

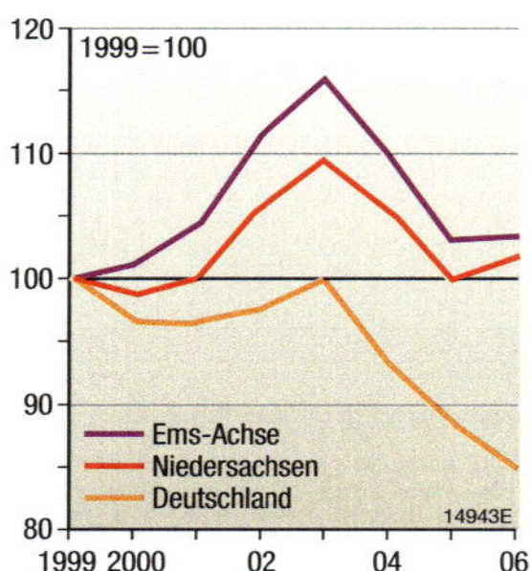

M 1: *Entwicklung der sozialversicherungspflichtig Beschäftigten im Schiffbau (1999 = 100)*

Der Schiffbau hat an der deutschen Nordseeküste eine lange Tradition. Seit Jahrhunderten werden in Ostfriesland und im emsländischen Papenburg Schiffe gebaut. Werften waren ein wichtiger Wirtschaftsfaktor der Region. Doch aufgrund der starken internationalen Konkurrenz vor allem aus Osteuropa, Südkorea und Japan geriet auch die norddeutsche Werftindustrie in die Krise, was verbunden war mit einem überproportionalen Arbeitsplätzeabbau. Doch trotz Werftenkrise spielt der Schiffbau weiter eine wichtige Rolle in der Region. Gerade die Werften an der Ems haben den Konsolidierungsprozess der Branche gut überstanden und zählen heute zu den europaweit führenden Werften. Zu ihnen zählt neben den Nordseewerken in Emden vor allem die Meyer-Werft in Papenburg, die wegen des Baus von luxuriös ausgestatteten Kreuzfahrtschiffen international einen ausgezeichneten Ruf genießt. Von den einstmals 23 Werften in Papenburg überlebte nur die Meyer-Werft.

M 2: Quellentext zur Meyer-Werft in Papenburg
Wind im Rücken – die Maritime Wirtschaft in der Wachstumsregion Ems-Achse, Studie der NordLB und des Niedersächsischen Institut für Wirtschaftsforschung, 2007

Seit der Gründung der Meyer Werft im Jahr 1795 hat sich die Werft – in sechster Generation im Besitz der Firma Meyer – zu einer der größten und technologisch leistungsfähigsten europäischen Werften entwickelt. Der kontinuierliche Aufstieg der Werft spiegelt sich exemplarisch in der Aufnahme neuer Schiffstypen ins Produktionsprogramm und den Einstieg in bis dahin völlig neue Marktnischen wider. Bereits vor mehr als 40 Jahren gelang der Einstieg in den Bau von Auto-/Passagierfähren sowie der bis heute betriebene Bau von Gastankern (...) 1985 wurde das erste große Passagierschiff („Homeric") abgeliefert. Die Schwerpunkte, die sich in den Folgejahren herauskristallisiert haben, sind in erster Linie der Bau von Kreuzfahrtschiffen (bis 2006 wurden 19 Luxusliner in der Größe von 40 000 und über 90 000 BRZ gebaut) sowie von Fährschiffen und Tiertransportern. Darüber hinaus ist die Meyer Werft aber auch in der Lage, sich andere Märkte flexibel zu

M 3: *Meyer-Werft in Papenburg*

erschließen, wie beispielsweise mit der Fertigung einer Serie von vier Feeder-Containerschiffen zur Schließung von Beschäftigungslücken, die sich mit der zeitweise massiven Auftragsverschlechterung im Passagierschiffbau im Zuge des 11. September 2001 ergeben hatten.

Aktuell ist die Meyer Werft wieder auf einem deutlichen Wachstumskurs mit vollen Auftragsbüchern bis etwa 2012. So gelang die Akquisition strategisch wichtiger Aufträge für den Bau von drei AIDA-Clubschiffen für den weltweit größten Kreuzfahrtanbieter Carnival, zu der auch AIDA Cruises gehört, aber auch für das bislang größte Kreuzfahrtschiff der Meyer Werft. Mit der „Challenger" für den Premiumanbieter im Kreuzfahrtgeschäft „Celebrity Cruises" wird erstmals ein Schiff der Post-Panamax-Klasse und einer Bruttoraumzahl von über 100 000 gebaut werden.

Post-Panamax-Klasse
Schiffe, meistens Containerschiffe, die aufgrund ihrer Größe nicht den Panamakanal befahren können. Die größtmöglichen Abmessungen dort sind: 294 Meter Länge, 32 Meter Breite und 12 Meter Tiefe.

Die Entwicklung der Meyer Werft ist seit langem darauf ausgerichtet, sich auf bestimmte – technisch hochwertige – Spezialsegmente des Schiffbaus zu konzentrieren und durch den Bau neuer Werftanlagen sukzessive die Voraussetzungen für neue Bauprogramme zu schaffen. Mit dieser Spezialisierung war es möglich, sich dem harten Wettbewerbskampf mit asiatischen Werften bei konventionellen Handelsschiffen (insbesondere im Containerschiffbau) zumindest teilweise zu entziehen. Allerdings wird auch in den Spezialsegmenten eine Serienfertigung angestrebt, um Konstruktions- und Betriebsabläufe zu optimieren. Mit dieser erfolgreichen Strategie hat sich die Meyer Werft im Laufe der Jahre unbestrittene Wettbewerbsvorteile erarbeitet und ihre Spitzenstellung unter den Werften des Passagierschiffbaus permanent ausgebaut.

2 500 Menschen sind direkt bei der Meyer-Werft angestellt, dazu kommen Tausende, die bei rund 1 800 Zulieferern arbeiten. Die deutschen Lieferanten stellen 70 Prozent der weltweiten Lieferanten und haben einen Anteil von 75 Prozent an der Fertigung eines Kreuzfahrtschiffes. Die meisten Mitarbeiter, oft viele Mitglieder einer Familie, sind langfristig im Unternehmen tätig. So ist die Werft einer der wichtigsten Arbeitgeber in der Region mit der 35000 Einwohner zählenden Stadt Papenburg als Zentrum. Die Meyer-Werft hatte ihren ersten Standort innerhalb der Stadt, ehe sie aus Kapazitätsgründen an den Stadtrand umziehen musste.

Der Bau eines Passagierschiffes ist ein technisch und logistisch anspruchsvolles Großprojekt: Computergestützte Technologien für Design, Planung, Konstruktion und Fertigung sind in alle Arbeitsprozesse integriert. Eingebaut werden neueste Techniken wie Satellitenkommunikation und Unterhaltungselektronik. Um global konkurrieren zu können, wird die Produktionstechnik ständig verbessert. Dazu zählt die serienreif eingesetzte Laserschweißtechnik. Nachdem 1986 eines der letzten Schiffe auf klassische Weise mittels Stapellauf ins Wasser geglitten war, baute die Werft eines der weltweit größten überdachten Baudocks, das wenige Jahre später um weitere 100 m verlängert wurde. 2001 kam ein zweites überdachtes Baudock für breitere Schiffe hinzu. Die Fahrt von der Werft über die Ems zur Nordsee führt unter zwei Brücken und durch das Ems-Sperrwerk. Dank der Emsvertiefung und des Baus eines Emssperrwerkes ist die Überführung groß dimensionierter Schiffe mit entsprechendem Tiefgang möglich geworden. Um noch größere und damit auch breitere Schiffe abliefern zu können, wird die Durchfahrtsbreite der zweiten Brücke von 40,5 m auf 56 m verbreitert.

Acht Kreuzfahrtschiffe bedeuten:

- *13 000 Passagier- und Crewkabinen*
- *170 000 m² öffentliche Räume*
- *8 Theater*
- *500 000 m² Bodenbeläge (Teppich, Parkett etc.)*
- *22 000 m² Küchen*
- *160 Lifte*
- *14 000 Toiletten*
- *16 000 km Kabel*
- *1 600 km Rohre*
- *36 000 m² Verglasung*

1. *Bewerten Sie den Stellenwert der Meyer-Werft für die Region.*
2. *Stellen Sie anhand der Tabelle auf S. 45 Vermutungen an, welche Schwierigkeiten die Meyer-Werft mit Zulieferungen haben könnte.*
3. *Entwickeln Sie ein Szenario, wie sich Papenburg verändert, wenn die Meyer-Werft ihren Standort verlagern würde.*

3.3.2 Fallstudie: Sachsen

Nach der Wende 1989 verließ eine große Anzahl von Menschen die neuen Bundesländer. Auch Sachsen hat an den Folgen des Bevölkerungsschwunds zu leiden.

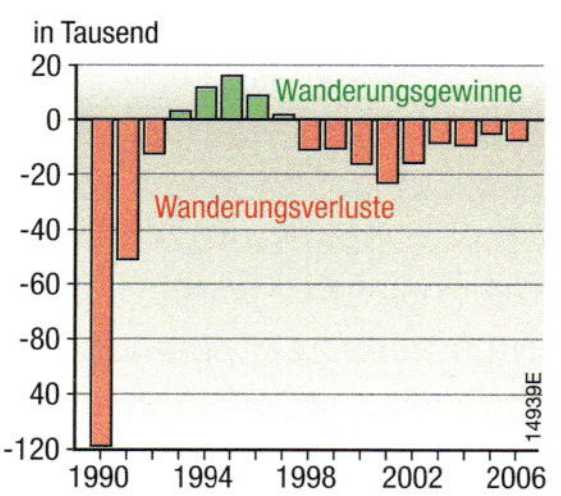

M 1: *Bevölkerungsbewegung in Sachsen (1990–2006)*

Anfang 1990 lebten rund 4,91 Mio. Menschen im Freistaat Sachsen. Seitdem ist die Einwohnzahl rückläufig. Bis 2006 verringerte sie sich um 663 000 Einwohner auf 4,25 Mio. (−13,5%). Prognosen gehen davon aus, dass sich dieser Trend fortsetzen wird. Die negative Bevölkerungsentwicklung ist zu einem großen Teil auf Wanderungsverluste zurückzuführen. Da in den 1990er-Jahren besonders junge Menschen Sachsen verlassen haben, wird sich die Altersstruktur in den folgenden Jahrzehnten nachhaltig verändern. Hauptgrund für den Fortzug war die schlechte Situation auf dem sächsischen Arbeitsmarkt. Ziel der Abwanderer waren in den meisten Fällen die alten Bundesländer. Hauptverlierer der Abwanderung waren dabei nicht die Großstädte Dresden und Leipzig, sondern vor allem die sächsischen Kleinstädte.

M 2: Quellentext über die mitteldeutschen Kleinstädte
Burdack, J.: Kleinstädte im Abseits. Geographische Rundschau 6/2007

Kleinstädte gelten als Transformations- und Globalisierungsverlierer. Die wirtschaftliche Bedeutung mitteldeutscher Kleinstädte als Produktionsstandorte ist nach der Wende stark zurückgegangen. Viele kleinstädtische Betriebe der Planwirtschaft waren unter marktwirtschaftlichen Bedingungen nicht mehr konkurrenzfähig. (…) Neben der „De-Industrialisierung" waren Kleinstädte nach der Wende auch von „De-Administrierung", „De-Militarisierung" und „De-LPGsierung" betroffen. Mit diesen Begriffen beschreibt Hanemann Arbeitsplatz- und Funktionsverluste durch Schließungen von Einrichtungen der „bewaffneten Organe" der DDR, den Verlust der Kreissitzfunktion vieler Städte und den Verlust landwirtschaftlicher Arbeitskräfte. Insgesamt hatte die Transformation des Wirtschaftssystems innerregionale Umverteilungseffekte zur Folge, die auf Kosten mittelgroßer und kleinerer Städte gehen.

Die Zahl der Kleinstädte mit Bevölkerungswachstum hat sich von 46 (1990) auf neun (2005) verringert. Die meisten Kleinstädte mit positiver Bevölkerungsbilanz liegen in den suburbanen Gürteln der Verdichtungs-

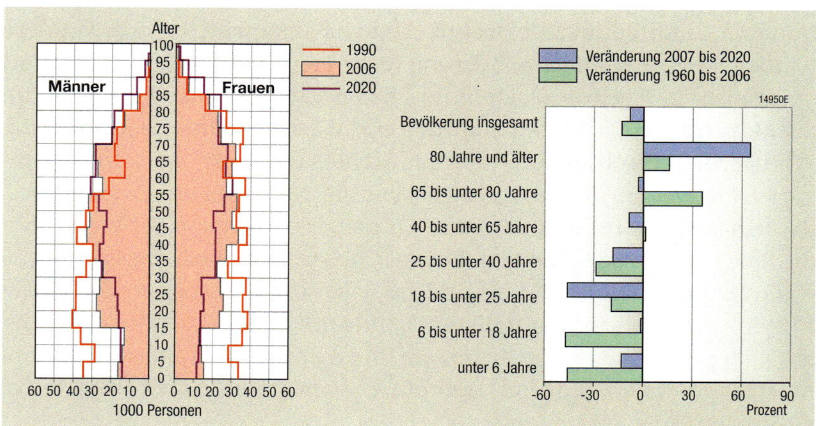

M 3: *Entwicklung der Bevölkerungsstruktur bis 2020*

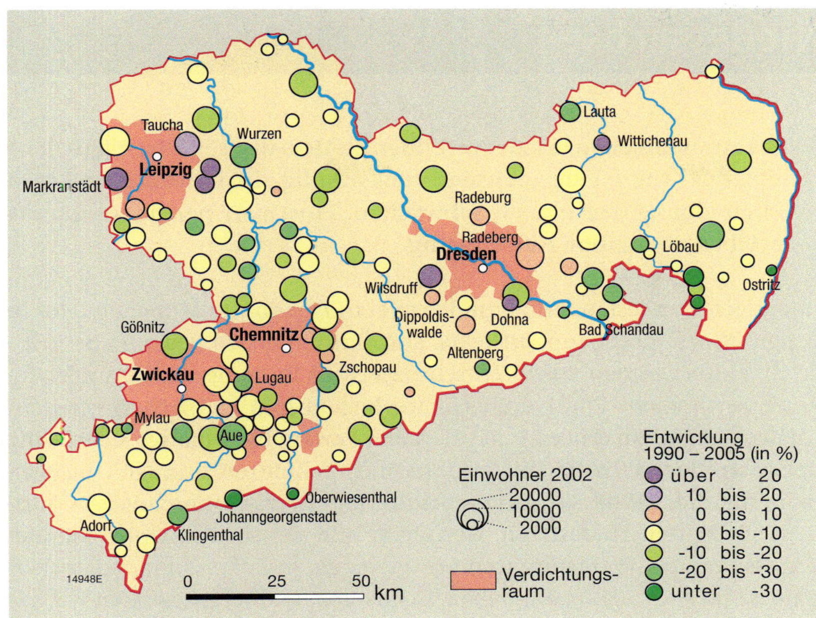

M 4: *Bevölkerungsentwicklung in Sachsen (1990–2005)*

räume und profitieren von der Randwanderung kernstädtischer Bevölkerung. Andere Kleinstädte mit Wachstumstendenzen liegen häufig in verkehrsgünstiger Lage in Autobahnnähe. Vor allem Kleinstädte in peripheren Lagen an der Grenze zu Polen oder Tschechien weisen hohe Bevölkerungsverluste auf, so zum Beispiel Oberwiesenthal im Erzgebirge, Klingenthal im Vogtland oder Seifhennersdorf in der Oberlausitz. Viele Städte mit anhaltend hohen Bevölkerungsverlusten sind auch (ehemalige) Bergbaustädte beispielsweise im Leipziger Südraum oder im Erzgebirge, wo Braunkohle im Tagebau und Uranerze abgebaut wurden.

Ein Beispiel für den wirtschaftlichen Niedergang und Strukturwandel ist Hoyerswerda, das 1991 wegen rechtextremer Ausschreitungen bundesweit in die Schlagzeilen geriet. Die zu DDR-Zeiten kinderreichste Stadt weist mit fast 30 Prozent die höchste Abwanderungsrate Deutschlands auf. 1957 als sozialistische Modellstadt im Bereich des Braunkohletagebaus und des Braunkohleveredelungs-Kombinats Schwarze Pumpe gegründet, erreichte sie im Jahr 1981 mit gut 71 000 Einwohnern die höchste Bevölkerungszahl. Doch nach dem Ende der DDR wurde der Tagebau drastisch zurückgefahren, mit entsprechenden Folgen für die Monoindustrie Bergbau und damit zusammenhängend die Energiewirtschaft. Eine hohe Arbeitslosigkeit und Abwanderung setzte ein, etwa 150 000 Arbeitsplätze gingen in der Region verloren. Der industrielle Bereich des sekundären Sektors existiert fast komplett nicht mehr. Seit der Wende ist Hoyerswerdas Bevölkerungszahl auf fast die Hälfte geschrumpft.

1. *Erklären Sie die uneinheitliche Bevölkerungsbewegung und -verteilung in Sachsen seit Deutschlands Wiedervereinigung (M 1, M 4).*
2. *Geben Sie Hinweise, wie aus Hoyerswerda ein wirtschaftsstärkerer Raum werden kann.*

Geschlecht	Hauptfortzugsmotiv					
	Arbeitsplatz	Höherer Verdienst	Ausbildung, Studium	Ehe- bzw. Lebenspartner	Andere familiäre / persönliche Gründe	Sonstige Gründe
Männlich	48,4	16,6	6,0	8,6	12,5	7,4
Weiblich	32,9	8,2	11,9	21,2	17,3	8,0
Insgesamt	40,4	12,3	9,0	15,1	15,0	7,7

M 5: *Hauptmotive der Fortgezogenen aus Sachsen (in %, 2002)*

3.4 Im Fokus: Niedersachsen

Bis zur deutschen Wiedervereinigung 1990 war die wirtschaftliche Entwicklung Niedersachsens rückständig. In innovativen Bereichen gibt es heute noch Schwächen. Einstmals periphere Räume erleben aber einen Aufschwung.

Länderfinanzausgleich
Durch Ausgleichszahlungen der finanzstarken Länder wird die Finanzkraft der finanzschwachen Länder angehoben und so eine Angleichung aller Länder angestrebt

In einigen Bundesländern, zum Beispiel in Bayern um München oder in Baden-Württemberg um Stuttgart, konzentrieren sich bedeutende Wirtschaftsunternehmen sowie Forschungs- und Bildungseinrichtungen in einer Kernregion. Eine vergleichbare Region gibt es in Niedersachsen nicht. Als Landeshauptstadt hat Hannover zwar eine wichtige, aber keine dominierende Stellung. Die wirtschaftlichen Zentren sind die Großregionen um die einwohnerstarken Städte Hannover, Braunschweig, Wolfsburg, Salzgitter, Hildesheim, Göttingen und Osnabrück, wobei Hannover, Osnabrück, Wolfsburg und Göttingen einen hohen Einpendlerüberschuss von über 50 Prozent haben. Doch auch ländliche Regionen wie das westniedersächsische Emsland-Bentheim und das Oldenburger Münsterland zeigen eine hohe wirtschaftliche Dynamik.

Im Vergleich zu anderen, vor allem südlichen alten Bundesländern steht es auch um Niedersachsens Pro-Kopf-Einkommen, Arbeitslosenquote

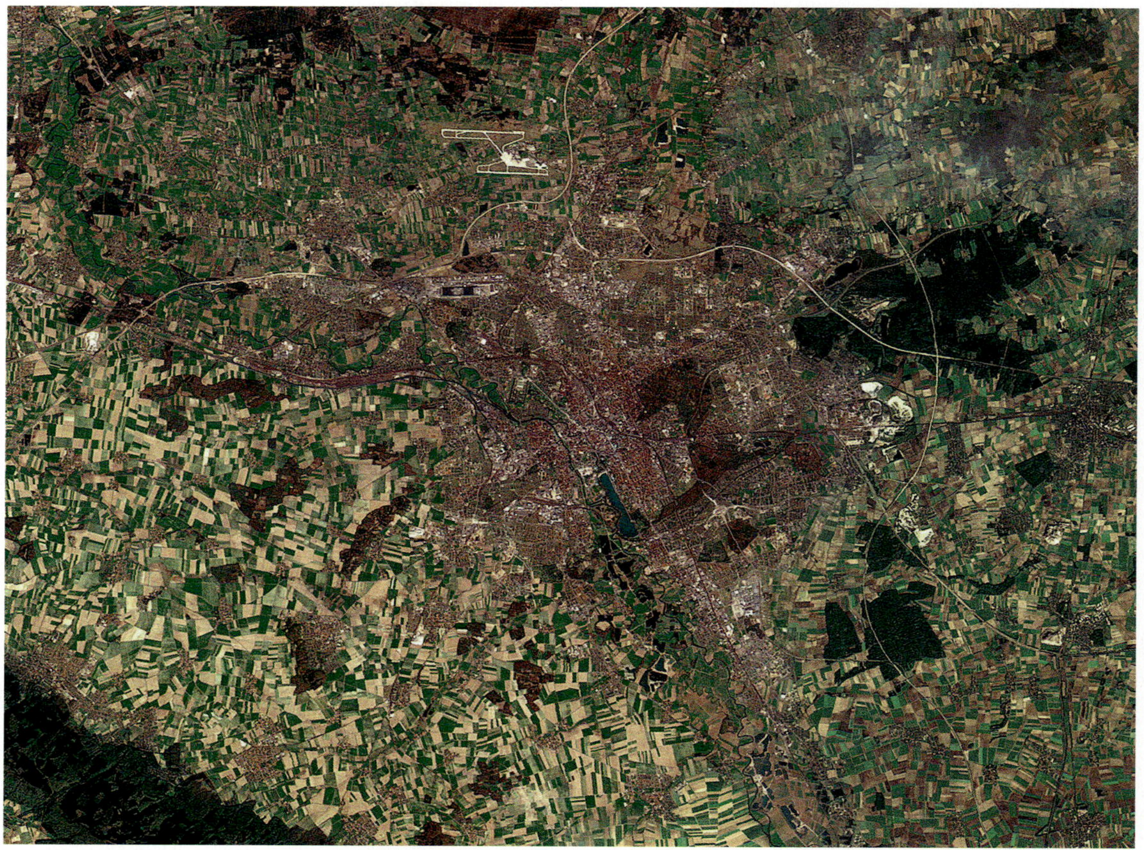

M 1: *Die Region Hannover aus der Satellitenperspektive*

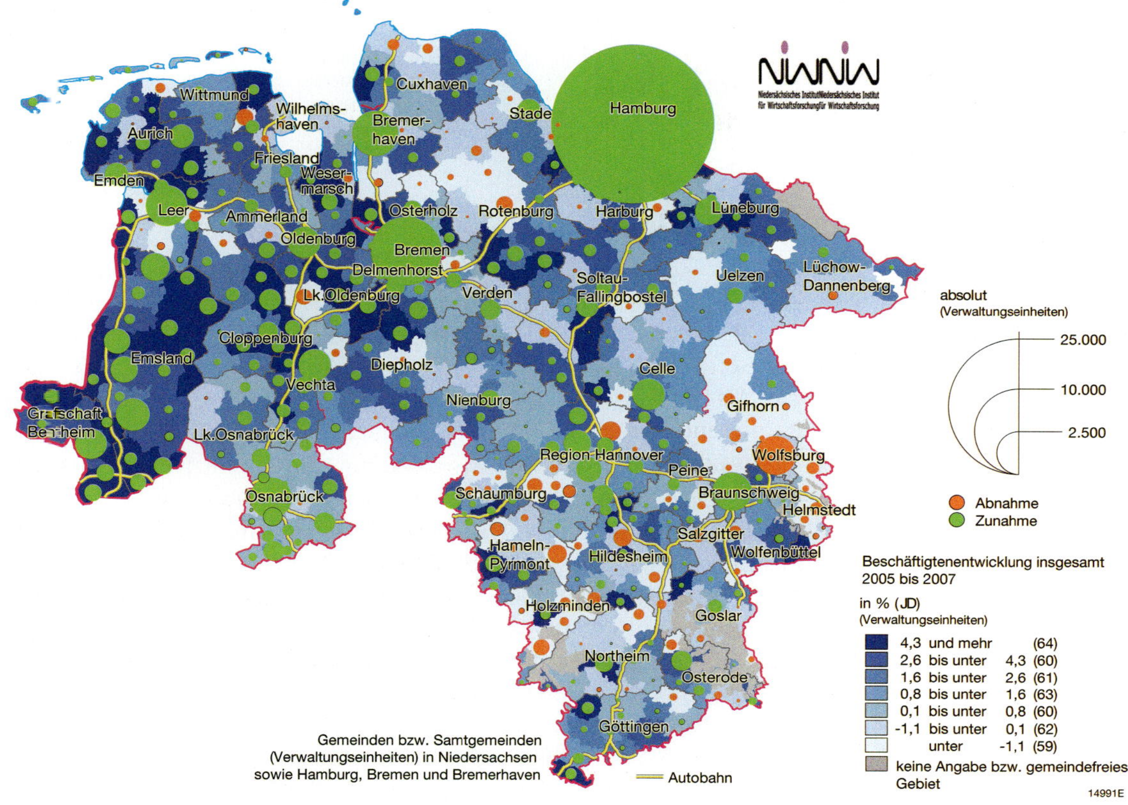

und Schulden je Einwohner schlecht. Niedersachsen ist seit langem ein vergleichsweise wirtschaftsschwaches Land, so dass die Landesregierung wenig in neue Projekte investieren kann und auf den Länderfinanzausgleich angewiesen ist. Da Niedersachsen an Hamburg und Bremen grenzt, kann ein Vergleich mit anderen Bundesländern in einigen Bereichen die Realität verzerren. Schließlich sind die beiden Stadtstaaten eng mit dem niedersächsischen Umland verflochten, was sich unter anderem in den hohen Pendlerströmen ausdrückt.

M 2: *Beschäftigtenentwicklung insgesamt 2005 bis 2007*

Vor allem die Metropole Hamburg erweist sich einmal mehr als Entwicklungsmotor mit positiven Effekten für ganz Norddeutschland. Die Impulse für Unternehmen und den Arbeitsmarkt strahlen weit in das niedersächsische Umland hinein, so dass auch aktuell das südliche Hamburger Umland neben dem westlichen Niedersachsen zu den wachstumsstärksten Räumen zählt.

Das Zentrum Bremen entwickelt sich demgegenüber nicht ganz so dynamisch. Insgesamt verzeichnen die niedersächsischen Umlandbereiche von Bremen aber auch eine überdurchschnittliche Entwicklung.

Die Beschäftigtenentwicklung im Verdichtungsraum Hannover liegt seit dem Auslaufen des kurzen Booms im Zuge der EXPO 2000 in etwa im westdeutschen Trend und ist damit deutlich schwächer als beispielsweise im Raum Hamburg. Im letzten Jahr ist es noch nicht gelungen, die Beschäftigung wieder auf einen Wachstumspfad zu führen.

M 3: Quellentext zu den Verdichtungsräumen Hamburg, Bremen und Hannover
Jung, H.-U.: Regionalmonitoring Niedersachsen Regionalreport 2007

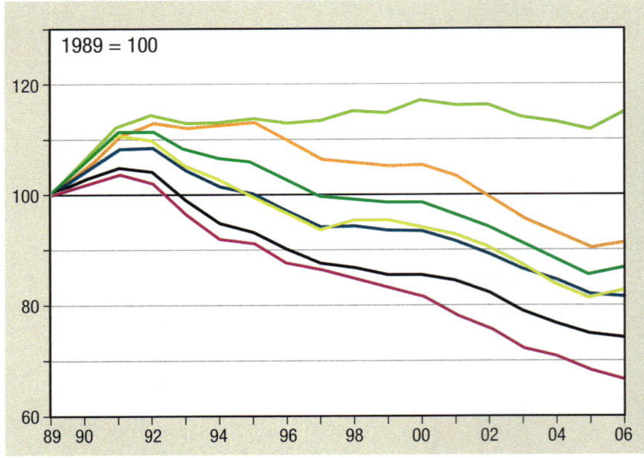

M 1: *Beschäftigtenentwicklung des Produzierenden Gewerbes in Niedersachsen (1989–2006)*

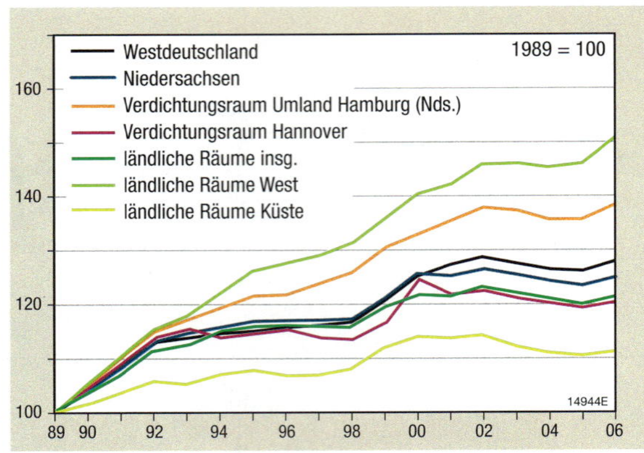

M 2: *Beschäftigtenentwicklung der Dienstleistungen in Niedersachsen (1989–2006)*

Das wirtschaftliche Wachstum war in den letzten Jahren (1995 bis 2005) in Niedersachsen mit 1,7 Prozent pro Jahr geringer als im westdeutschen Durchschnitt (2,0%). Dabei gibt es vor allem deutliche Wachstumsunterschiede zwischen den dynamischeren Städten und den wirtschaftsschwächeren ländlichen Räumen. Die Beschäftigtenentwicklung liegt demgegenüber im westdeutschen Trend. Wenn auch insgesamt weite Teile des Landes durch Arbeitsplatzverluste im produzierenden Gewerbe geprägt sind, so verläuft der wirtschaftliche Strukturwandel in Niedersachsen langsamer als anderswo. Grundsätzlich hat die deutsche Wiedervereinigung 1990 dem Bundesland jedoch vor allem in den ländlichen Grenzräumen einen Aufschwung beschert und die Arbeitslosenquote im Dienstleistungssektor gesenkt. Das gilt besonders für die „Ems-Achse“ mit den Landkreisen Grafschaft Bentheim, Emsland und Leer sowie die „Hansalinie“ zwischen Osnabrück und Bremen. Damit konnte das Süd-Nord-Gefälle teilweise umgekehrt werden. Die Beschäftigtenzahlen in der Harzregion und in den peripheren ländlichen Räumen des nordöstlichen Niedersachsen sind jedoch trotz der Grenzbeseitigung insgesamt konstant rückläufig, da diese Räume jenseits der West-Ost-Magistrale liegen.

Zu den Ursachen des wirtschaftlichen Aufschwungs ländlicher Räume zählen unter anderem eine stärkere Binnenmarktorientierung, niedrigere Standortkosten, eine Spezialisierung auf Nischen des inländischen Marktes sowie die Standorte an großen Verkehrsachsen, die Nähe zu Verdichtungsräumen, niedrige Lohnkosten und Marktnähe.

M 3: Quellentext zu den Standortvorteilen an bedeutsamen Verkehrsachsen

Jung, H.-U.: Regionalmonitoring Niedersachsen Regionalreport 2007

Die Standortqualitäten von Wirtschaftsregionen werden in unserem hochgradig verflochtenen Wirtschaftssystem wesentlich durch die Lage zu den Zentren und die Lage zu den großen Verkehrsleitlinien geprägt. Das Land wird von international bedeutsamen Verkehrsachsen durchquert, so z. B. von den Autobahnen A 1 Hamburg-Bremen-Osnabrück-Ruhrgebiet oder A 7 Hamburg-Hannover-Kassel-Süddeutschland sowie der A 2 Ruhrgebiet-Hannover-Braunschweig-Berlin. Herausragende Standortattraktivität weisen die Schnittpunkte bedeutsamer Autobahn- und Schienenverkehrachsen auf, so z. B. in den Räumen Hamburg, Hannover, Bremen, Braunschweig oder auch Osnabrück. Durch die gute Erreichbarkeit der großen Wirtschaftsräume ergeben sich entlang dieser Achsen auch im ländlichen

Raum besondere Standortqualitäten. Dies gilt u. a. für die Landkreise Rotenburg, Oldenburg, Vechta und Soltau-Fallingbostel.

Auf der anderen Seite sind einige Regionen in Niedersachsen durch große Entfernungen zu den großstädtischen Zentren und auch zu den überregionalen Verkehrsachsen gekennzeichnet. Zu diesen peripheren Regionen zählen vor allem der Grenzraum zu den neuen Bundesländern im nordöstlichen Niedersachsen (Lüchow-Dannenberg, Uelzen), der mittlere Weserraum (südlicher Landkreis Diepholz und Teile des Landkreises Nienburg) sowie der Oberweserraum (vor allem der Landkreis Holzminden und der mittlere Unterelberaum). […] Die Planungen einer Weiterführung der „Küstenautobahn" auf niedersächsischem und schleswig-holsteinischem Gebiet würden die Standortbedingungen des gesamten Küstenraumes nachhaltig verbessern. Ähnliches gilt für die geplante A 39 im nordöstlichen Niedersachsen, die u. a. einen Lückenschluss zwischen Lüneburg und Wolfsburg herstellen soll.

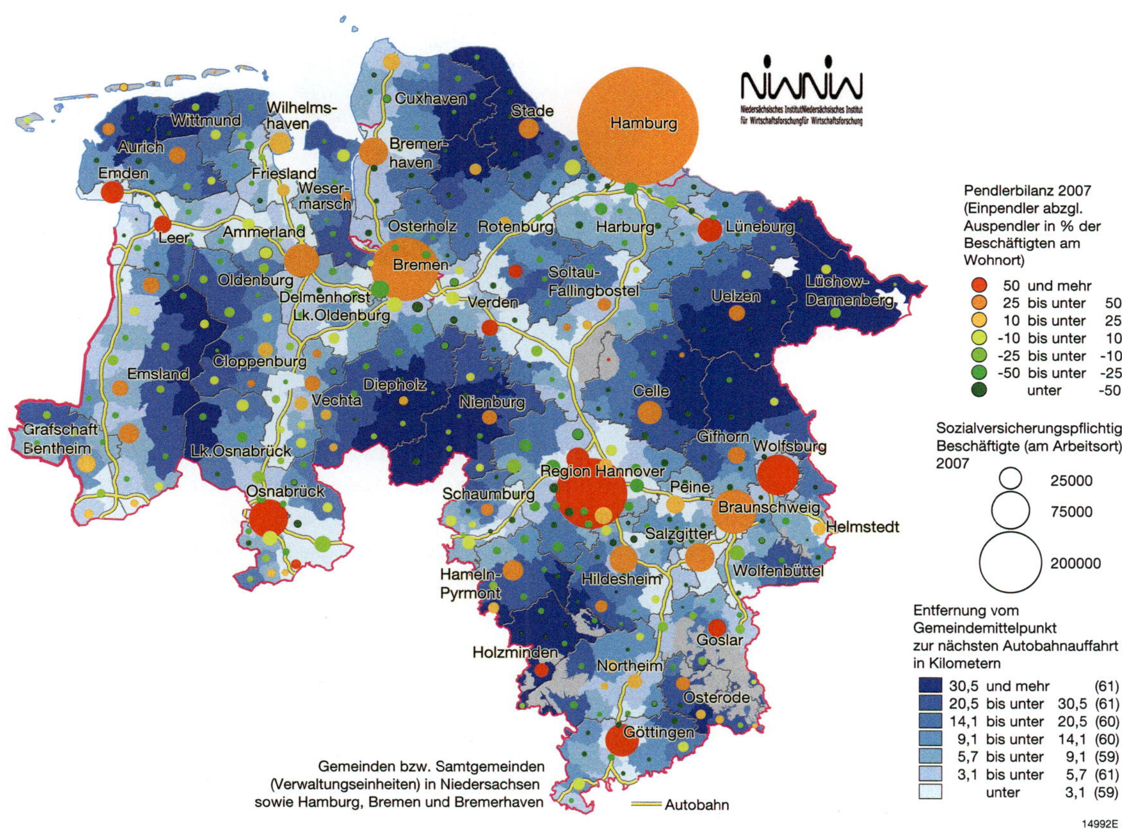

M 4: *Erreichbarkeit der Bundesfernstraßen*

In den Tourismusregionen unmittelbar im Harz und auf den Ostfriesischen Inseln wird jeder generelle Wirtschaftsaufschwung unmittelbar spürbar: Gästehäuser sind ausgebucht, Gasthäuser gut besucht. Heidelandschaften bieten nur während der Blütezeit ein Auskommen, obwohl versucht wird, durch Freizeitoasen („Baden unter Palmen") und Skidome auch in der übrigen Zeit Gäste anzulocken. Eine weitere touristische Spezialität sind die Standorte des Kur- und Gesundheitswesens im Mittelgebirgsraum (z. B. Bad Pyrmont), doch haben sich viele Kurbetriebe als Folge der Gesundheitsreform und den damit rückläufigen Genehmigungen für längere Kuraufenthalte nicht halten können.

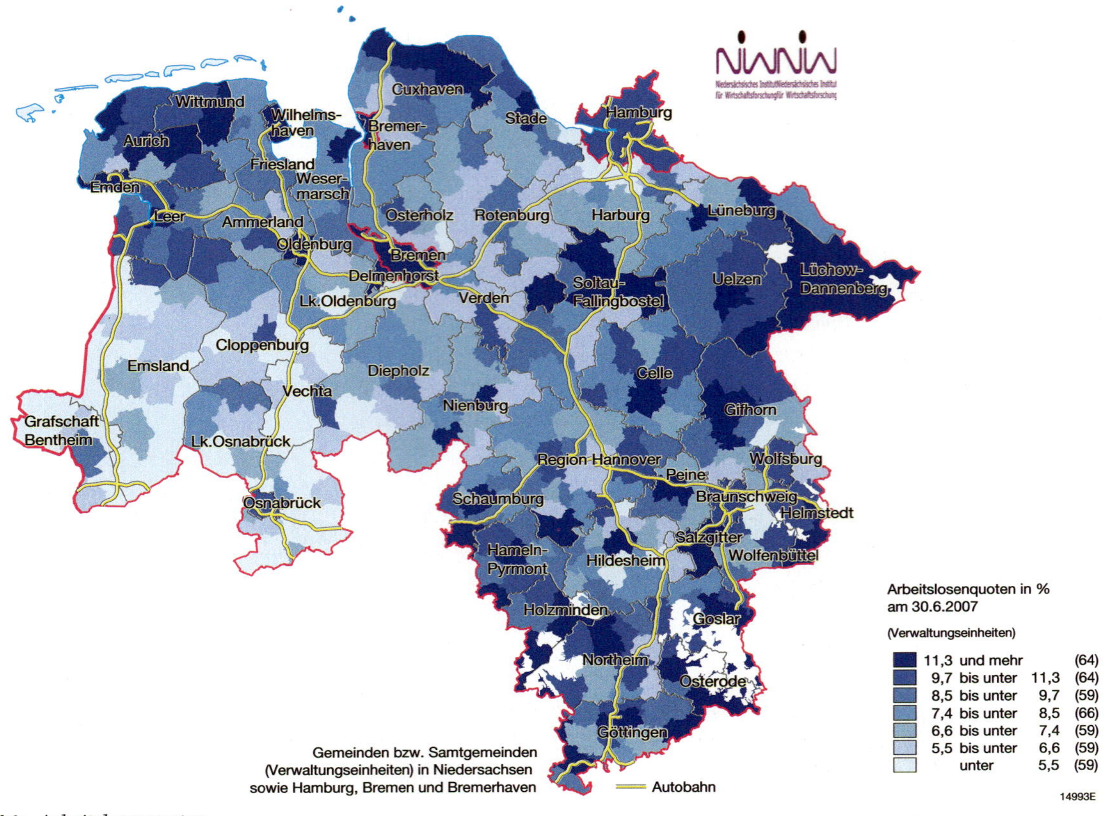

M 1: *Arbeitslosenquoten (in %, 2007)*

M 2: Quellentext zu den strukturpolitischen Herausforderungen Niedersachsens

Jung, H.-U.: Regionalmonitoring Niedersachsen Regionalreport 2007

Das Land Niedersachsen ist noch stärker als andere Bundesländer durch erhebliche regionale Entwicklungsunterschiede geprägt. Dies betrifft nicht nur von Großstädten geprägte Regionen, vor allem auch ausgesprochen wachstumsstarken ländlichen Räumen stehen solche gegenüber, die in der Vergangenheit in nicht unerheblichem Maße Einwohner und Beschäftigung verloren haben. Die Förderung von Beschäftigung und Einkommen in den Regionen muss ein zentrales Ziel der regionalen Entwicklungspolitik sein, das primär über die aktive Förderung des wirtschaftlichen Strukturwandels in den Regionen und die Unterstützung wettbewerbsfähiger Unternehmen erreicht werden soll.

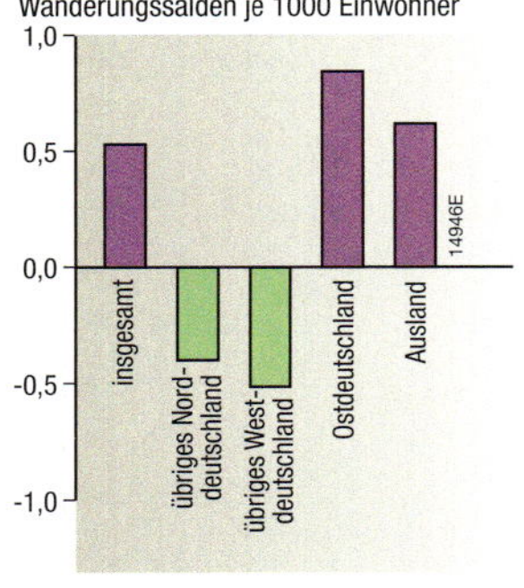

M 3: *Wanderungen über die niedersächsische Landesgrenze (2006)*

Unternehmer sind auf Arbeitskräfte angewiesen, auch wenn deren Zahl im Zuge der automatisierten Produktionsabläufe rückläufig ist. In einem dünn besiedelten Raum wie der Region Lüchow-Dannenberg oder dem Wendland gibt es bei dem Aspekt Schwierigkeiten. Im Gegenzug weist der Verdichtungsraum Hannover bundesweit den zweithöchsten Anteil an Hochschulwissenschaftlern in Relation zur Einwohnerzahl auf. Obwohl auch in Niedersachsen der Übergang von der Industrie- zur Wissensgesellschaft erfolgt, ist in der Region Hannover im Gegensatz zum Spitzenreiter München der Anteil derjenigen gering, die im verarbeitenden Gewerbe im Forschungs- und Entwicklungsbereich (FuE) tätig sind.

Ein weiterer Umstand ist für die Landeshauptstadt von Nachteil: Sie erlebt ebenso wie andere Großstädte den Prozess der Betriebsverlagerungen ins Umland. Die Metallerzeugung mit den Binnenstandorten der Eisen- und Stahlerzeugung hat beträchtlich an Bedeutung verloren, seitdem das Ausland kostengünstiger produziert und die Rohstoffbasis (Abbau im Raum Salzgitter, Stahlproduktion in Peine) weggebrochen ist.

Eine strukturelle Besonderheit Niedersachsens ist, dass der Automobilbau über die Hälfte des FuE-Personals in der Industrie absorbiert. Zählt man weitere Zulieferindustrien hinzu, die direkt für diese Branche produzieren, so ergibt sich ein Anteil von über zwei Dritteln. Entsprechend der hohen Abhängigkeit Niedersachsens vom Automobilbau liegt die technologische Stärke ebenfalls in diesem Bereich. Aufgrund des ausgesprochen intensiven Wettbewerbs in dieser Branche ist es für Niedersachsen jedoch notwendig, langfristig wettbewerbsfähige Alternativen zum Automobilbau zur Sicherung der wirtschaftlichen Leistungsfähigkeit zu etablieren.

M 4: Quellentext zur Automobilindustrie in Niedersachsen
Schätzl, L., Schröder, T.: Trends in der Wirtschaftsentwicklung Niedersachsens. Geographische Rundschau 5/2000

Als eines der wichtigsten Standbeine der industriellen Produktion Niedersachsens, wirkt sich jede Rezessionsphase in der Automobilindustrie schnell auf die Kaufkraft aus, da viele Betriebe mittelbar an der Automobilproduktion hängen. Ein zusätzliches strukturelles Problem Niedersachsens ist der Abbau von Bundeswehr- und Bundesgrenzschutzstandorten. Darunter leiden besonders ländliche Gemeinden, weil die Konsumenten ausbleiben. Früher widerstrebten die Gemeinden einer derartigen Standortgründung. Heute werden die Standorte vermisst, weil wirtschaftliche Alternativen fehlen. Starke wirtschaftliche Einbrüche verzeichneten auch die auf maritime Industrie ausgerichteten Küstenregionen Wilhelmshaven, Wesermarsch und Bremerhaven. Werften haben sich an der Küste und im Bereich von Flussunterläufen von dieser Entwicklung absetzen können, sofern es ihnen gelungen ist, sich auf die Herstellung von Spezialschiffen zu konzentrieren. Im Gegensatz zu der Meyer-Werft in Papenburg (vgl. 3.3.1) ist dies den Werften an der Unterweser weniger geglückt.

Angesichts des relativ hohen Anteils der Landwirtschaft an der Fläche verwundert die Bedeutung Niedersachsens im Vergleich zu den anderen Bundesländern als Nahrungsmittelproduzent nicht. Nach 1945 dominierten Konservenfabriken, die Produkte aus dem Umland verarbeiteten. Heute rücken Zuckerrübenfabriken ins Bewusstsein, zu denen die Transporter seit dem Konzentrationsprozess in der Branche immer weitere Strecken zurückzulegen haben. In Südoldenburg ist ein agrarisches Intensivgebiet entstanden, das im bundesweiten Vergleich die höchsten Werte an Tierhaltung und Tiermast aufweist. Auch die Industrialisierung der Landwirtschaft mit Innovationen in der Agrartechnik und der Produktion (z. B. Hybridtiere, Hochleistungsfutter, computergesteuerte Fütterungsanlagen) hat Spitzenwerte erreicht.

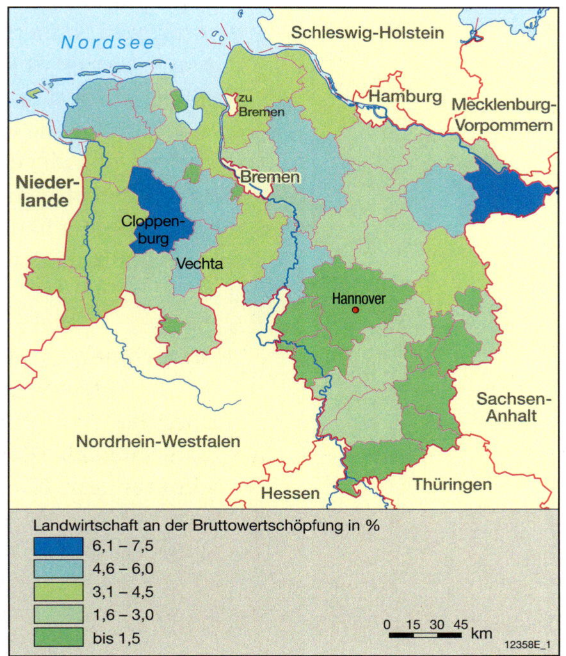

M 5: *Niedersachsens Prozentanteil der Landwirtschaft an der Bruttowertschöpfung (2006)*

3.5 Agglomerationsräume

Agglomerationen sind wirtschaftlich starke Zentren und somit bevorzugte Wanderungsziele von Menschen. Allerdings weisen sie auch hohe Wohnkosten, viel Verkehr und Umweltprobleme auf.

Agglomeration

In Agglomerationen oder Agglomerationsräumen befindet sich mindestens ein Oberzentrum mit über 300 000 Einwohnern, oder die Bevölkerungsdichte beträgt etwa 300 Einwohner pro Quadratkilometer. Innerhalb der Agglomeration unterscheidet man Kernstädte mit über 100 000 Einwohnern, hoch verdichtete Kreise mit einer Dichte von mindestens 300 Einwohnern pro Quadratkilometer, verdichtete Kreise mit einer Dichte von mindestens 150 Einwohnern pro Quadratkilometer und ländliche Kreise mit einer Dichte von weniger als 150 Einwohnern pro Quadratkilometer.

Als Agglomerationsraum (Verdichtungsraum) wird eine großräumig hohe Verdichtung von Bevölkerung und Siedlungen verstanden. In einem hoch industrialisierten Land wie Deutschland schließt das eine entsprechende Dichte der Wirtschaftsstandorte und der Arbeitsplätze im sekundären und tertiären Sektor sowie der Infrastruktur ein. Agglomerationsräume erstrecken sich über Verwaltungsgrenzen hinaus und weisen zumindest eine Großstadt auf. Polyzentrische Agglomerationen sind Städteballungen, das heißt die benachbarten Städte im Umkreis der bevölkerungsreichsten Stadt weisen noch eine beachtliche Siedlungsdichte auf. Das Ruhrgebiet, erweitert zum Rhein-Ruhr-Gebiet, ist der Standort mehrerer Großstädte mit der größten Flächenverdichtung in Deutschland. Im Rhein-Main-Gebiet wird Frankfurt als Zentrum durch Mainz und Wiesbaden ergänzt. Im Gegensatz dazu konzentriert sich die dichte Besiedlung in den Ballungsräumen München, Hamburg und Berlin mit ihrem weiträumigen Hinterland um nur ein Zentrum (monozentrische Agglomeration). Nürnberg, Stuttgart, Bremen und Hannover sowie Dresden, Leipzig und Chemnitz sind weitere Kerne von Agglomerationsräumen. Die Gruppe der Agglomerationskerne wird durch Mannheim, Saarbrücken und Bielefeld ergänzt.

Agglomerations- und Verdichtungsräume haben eine große Anziehungskraft. Wer zum Beispiel in einer dünn besiedelten Region Norddeutschlands keinen adäquaten Arbeitsplatz findet, hat gute Chancen, diesen dank des vielfältigen Angebots im Rhein-Main-Gebiet zu finden. Agglomerationsräume sind mit ihrem Umland wirtschaftlich und verkehrstechnisch eng verflochten. Auch die Bevölkerung des Umlands profitiert von den Angeboten Arbeit, Markt, Verwaltung und Freizeit. Aus Platzgründen erreichen Wohn- und Bürogebäude im Zentrum der Agglomeration immer häufiger eine zunehmende Geschosshöhe, was in Frankfurt am Main am deutlichsten wird („Mainhattan“).

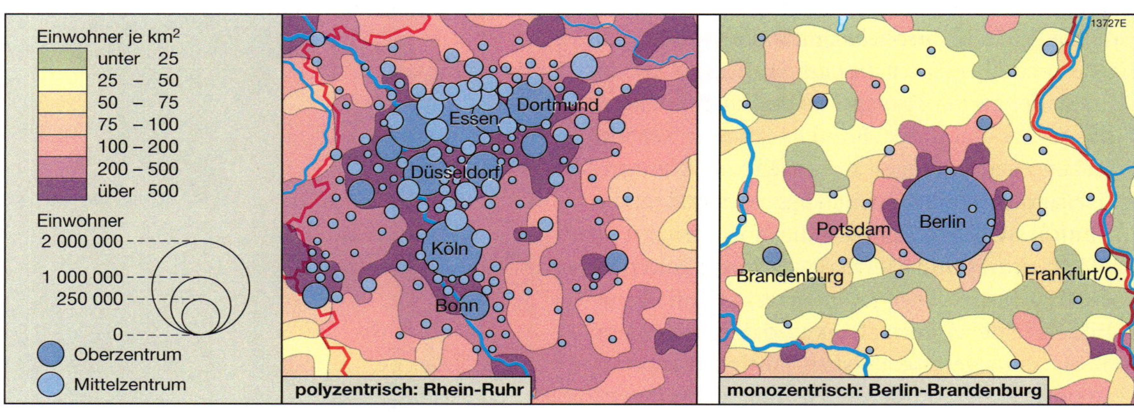

M 1: *Ruhrgebiet als polyzentrischer, Berlin als monozentrischer Verdichtungsraum*

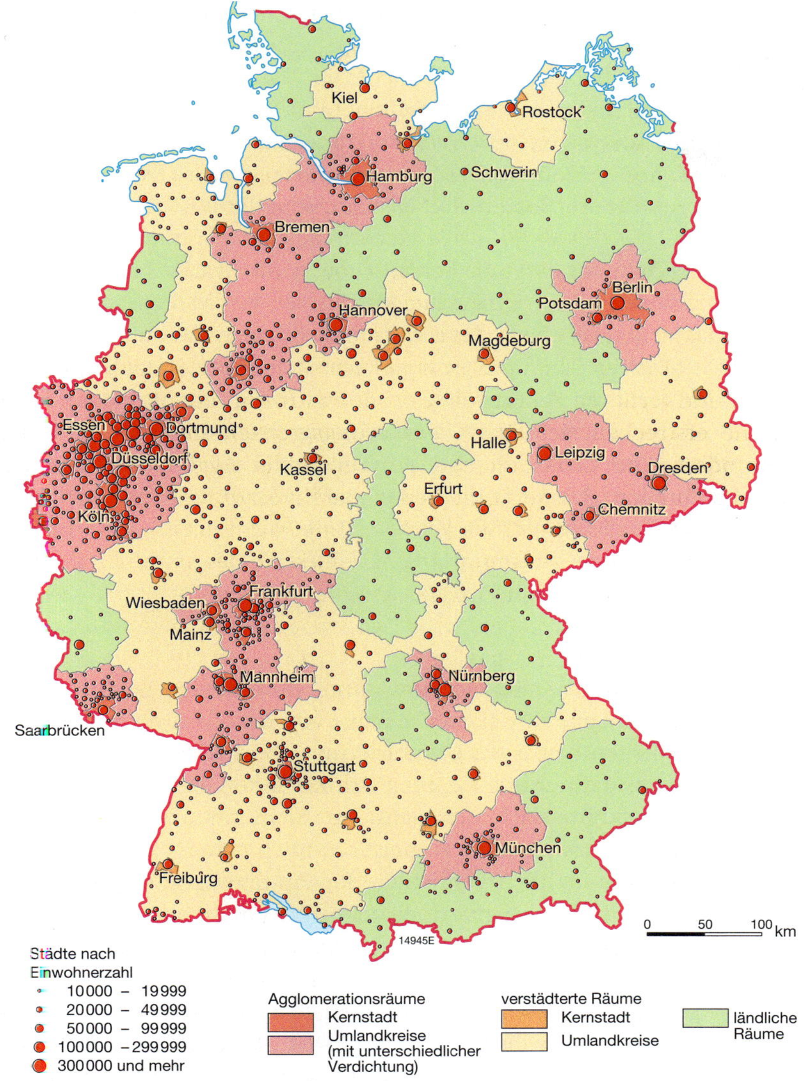

M 2: *Siedlungsstruktur und städtisches Siedlungssystem in Deutschland*

M 3: Quellentext zur Beschäftigtenentwicklung in Verdichtungsräumen

Jung, H.-U.: Verdichtungsräume als Wachstumszentren? Niw-info 4/2007

Die Beschäftigtenentwicklung war lange Zeit in den 21 großen bundesdeutschen Verdichtungsräumen insgesamt ungünstiger als in den übrigen Regionen. (...) Erst seit Ende der 90er-Jahre haben sich die Verdichtungsräume dynamischer entwickelt. (...) Die Verschiebung der Gewichte zu Gunsten der Verdichtungsräume hat in der öffentlichen Diskussion die Aufmerksamkeit wieder stärker auf die großstädtischen Zentren gelenkt und hat ihnen die Rolle von Wachstumspolen zugeschrieben. Angesichts der unbestrittenen Konzentration von Wirtschaftskraft und wirtschaftlichen Entscheidungszentralen, von unternehmensnahen Dienstleistungsaktivitäten, von Bildungs-, Wissenschafts- und Forschungsressourcen sowie nicht zuletzt von höherwertiger Infrastruktur in den großstädtischen Zentren ist diese neue Sichtweise durchaus berechtigt. Auf der anderen Seite gilt es zu berücksichtigen, dass wir große Unterschiede in der Entwicklungsdynamik der Verdichtungsräume zu konstatieren haben und es gerade auch außerhalb der Verdichtungsräume ausgesprochen entwicklungsstarke Wirtschaftsräume gibt. (...)

In Ostdeutschland, das von 1998 bis 2005 kontinuierlich an Beschäftigung verloren hat, war die Entwicklung der Verdichtungsräume – anders als im Westen –

durchweg günstiger als die der ländlichen Räume. (...) Im längerfristigen Vergleich stehen – ungeachtet der aktuellen Entwicklung – die ostdeutschen Verdichtungsräume Dresden, Berlin, Leipzig und Chemnitz am Ende der Skala: sie haben seit 1998 zehn Prozent und mehr ihrer Beschäftigung verloren. (...) Ausgesprochen ungünstig ist der nach wie vor stark vom Strukturwandel betroffene Verdichtungsraum Rhein-Ruhr. (...) Alle übrigen Verdichtungsräume hatten seit Ende der 1990er-Jahre eine gegenüber dem Bundesgebiet überdurchschnittliche Entwicklung.

An der Spitze stehen die kleineren Verdichtungsräume Nürnberg und Karlsruhe, in den bereits seit 2004 die Beschäftigung wieder wächst. Ausgesprochen entwicklungsstark sind die großen bundesdeutschen Verdichtungsräume München und Hamburg, die aktuell das höchste Beschäftigungswachstum aufweisen. Mit Abstand folgen die Verdichtungsräume Rhein-Main, Stuttgart und Köln / Bonn (...). Die norddeutsche Automobilregion Braunschweig / Salzgitter / Wolfsburg, die bis 2003 eine außergewöhnliche Beschäftigungsdynamik aufwies, hat in den letzten Jahren so stark an Beschäftigung verloren wie kein anderer Verdichtungsraum. Die norddeutschen Regionen Bremen und Hannover liegen mit ihrer langfristigen Beschäftigtendynamik im Mittelfeld der bundesdeutschen Verdichtungsräume. Bei Hannover wird ein starker EXPO-Effekt für das Jahr 2000 deutlich, der aber in den Folgejahren nicht gehalten werden konnte.

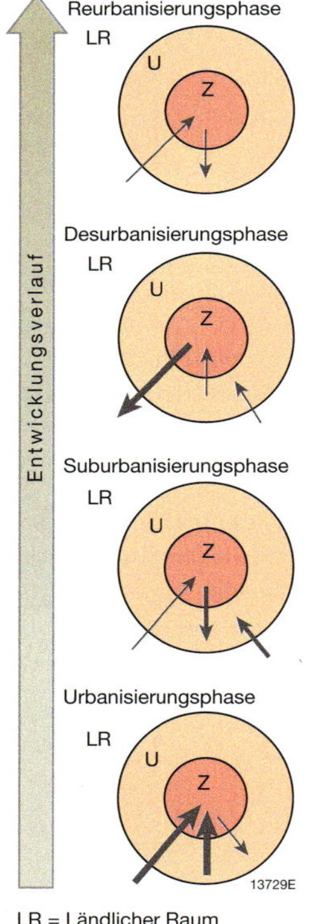

M 1: *Entwicklungsphasen von Verdichtungsräumen*

Verdichtungs- und Agglomerationsräume durchlaufen Entwicklungsphasen: In der ersten Phase führen Zuzüge von Bevölkerung und Kapital aus dem ländlichen Raum zur Urbanisierung. Die städtische Verwaltung fördert an eigens dafür ausgewiesenen Grundstücken die Gewerbeansiedlung, die Arbeitskräfte nach sich zieht. Aus Sicht der Unternehmer bieten Agglomerationen wegen der zumeist räumlich nahen Zulieferbetriebe Vorteile. Eine wirtschaftlich verdichtete Region erzeugt einen Selbstverstärkereffekt, schafft Fühlungsvorteile oder führt gar zu einer Vernetzung von Betrieben. Die bauliche Verdichtung führt allmählich zu einer Abgrenzung von Stadtkörper und Umland. Im weiteren Entwicklungsverlauf wird die Infrastruktur ausgebaut und erleichtert das Pendeln von der Wohn- zur Arbeitsstätte. Verbesserte Einkommen ermöglichen das Wohnen im weniger belasteten Umland. Der zunehmende Expansionsbedarf erleichtert den Firmenumzug an die Stadtgrenze, wo die Gemeinde inzwischen weitere Gewerbeparks ausweisen möchte. Zudem sorgen je nach Straßenkategorie Gemeinde, Kreis oder Bund für eine schnelle Verkehrsanbindung, die den gestiegenen Qualitätsanforderungen der Unternehmer gerecht wird.

In der nächsten Phase kommt es zur Suburbanisierung, die durch den Zuzug weiterer Unternehmer forciert wird. Kinderreiche Familien bauen im suburbanen Raum ihr Eigenheim oder kaufen ein Reihenhaus. Gut Verdienende und Singles ziehen in Neubauten der Stadt. Im suburbanen Raum lassen sich Einzelhändler nieder, um die Bewohner mit dem Grundbedarf zu versorgen. Mit der Siedlungs- und Wirtschaftsverdichtung löst sich die zuvor deutliche Grenze von Stadt und Umland zunehmend auf. Verschlechtern sich die Siedlungsbedingungen, so kann eine Desurbanisierung einsetzen, also eine Abnahme der Beschäftigung und der Bevölkerung in der gesamten Agglomeration. In Deutschland dominiert zu Beginn des 21. Jahrhunderts die Phase der Reurbanisierung, also die Zunahme der Beschäftigung und der Bevölkerung im Kern der Agglomeration. Eingeleitet wurde die Phase durch Flächensanierung (z. B.

Bau von Wohnungen nach dem Bedarf von Kleinfamilien), Objektsanierung (z. B. moderne Heizungssysteme), den innerstädtischen Umbau von Durchgangsstraßen zur Fußgängerzone und die Gestaltung von Ruhezonen. In der DDR wurde die Kernstadt höher bewertet als in der alten Bundesrepublik. Während im Westen der Trend schnell in Richtung Suburbanisierung und Wohnen im nahen Umland zeigte, war das Wohnen in der DDR stärker stadtzentriert.

Im Zeitalter der Globalisierung und Europäisierung hat sich neben der Agglomeration ein weiterer Begriff etabliert. Eine Metropolregion ist eine stark verdichtete Großstadtregion von hoher internationaler Bedeutung, die sich als Hightech-Produktionsstandort (Innovations- und Wettbewerbsfunktion: Anzahl an Forschungs- und Wissenschaftseinrichtungen), als Knoten metropolitaner Dienstleistungen (Entscheidungs- und Kontrollfunktion: Sitz von Konzernzentralen, Beschäftigte im Finanzsektor und in den unternehmensbezogenen Dienstleistungen) und als Kommunikations- und Verkehrsknoten (Gateway-Funktion: Flugverkehr, Messen) auszeichnet. Sie ist der Motor der sozialen, gesellschaftlichen und wirtschaftlichen Entwicklung eines Landes. In Deutschland weisen Hamburg, Rhein-Ruhr, Frankfurt/Rhein-Main, Stuttgart, München/Oberbayern sowie die zwei ostdeutschen Regionen Berlin/Brandenburg und das Sachsen-Dreieck (Leipzig, Dresden, Chemnitz) mehr oder weniger diese Merkmale auf. In der seit 1995 von der Ministerkonferenz für Raumordnung offiziell geförderten Gruppe von Metropolregionen sind auch Bremen/Oldenburg, Nürnberg, Rhein-Neckar und Hannover/Göttingen/Braunschweig aufgelistet. Metropolregionen sind in ein spezifisches wirtschaftsräumliches Netzwerk eingebunden und mit anderen Räumen verflochten.

1. *Stellen Sie in einem kurzen Text dar, wo in Deutschland Ballungen und wo Lücken bei der Verteilung von Agglomerations- und Verdichtungsräumen sind.*
2. *Listen Sie in einer erläuterten Tabelle die Entwicklungsphasen von Verdichtungsräumen auf.*

M 2: *Vernetzung der deutschen Metropolregionen*

3.5.1 Ökologische Belastungen

Vornehmlich in Verdichtungs- und Industrieräumen müssen sich die Menschen den von ihnen verursachten ökologischen Problemen stellen: In den Städten nimmt die Feinstaubbelastung zu, Flüsse werden durch erwärmtes Kühlwasser überlastet, Altlasten müssen vor einer neuen Nutzung entsorgt werden.

In städtischen Lebensräumen finden sich viele der Hauptverursacher ökologischer Probleme. Belastungsfaktoren ergeben sich unter anderem durch Heizungen in Wohngebäuden, Emissionen von Industrieanlagen, Abgase von Fahrzeugen und Versiegelung von Bodenflächen. Der starke Zubringerverkehr zu den Industrieräumen ist ökonomisch gesehen notwendig, ökologisch betrachtet stellt sich die Frage der Umweltverträglichkeit. Besonders problematisch wird der Schadstoffgehalt in der Stadtatmosphäre bei typischen Smog-Wetterlagen. Dagegen besteht das frühere Hauptproblem der extremen Emission von Industriebetrieben in Deutschland nicht mehr, denn gesetzliche Auflagen haben die Nachrüstung von Filteranlagen veranlasst. Ähnlich sieht die Entwicklung von Verfahren zur Abwasserreinigung aus. So wurde im Ruhrgebiet der stark verschmutzte Fluss Emscher saniert. Von der Industrie chemisch belastete Abwässer werden heute in werkseigenen Kläranlagen und öffentliche Abwässer in Klärwerken gereinigt. Dies hat zum Beispiel bei den zu DDR-Zeiten schwer belasteten Flüssen Weser, Elbe, Saale und Mulde zu positiven Veränderungen geführt.

Ökologische Belastungen sind nicht nur Erscheinungen städtischer Räume, sie treten in vermindertem Umfang noch immer in der Produktion bestimmter Industriebranchen (Chemie, Hüttenwerke) sowie in landwirtschaftlichen Betrieben mit einer hoch intensiven Viehhaltung auf. Das gilt z. B. für die Gülle der Schweinehaltung, die deshalb nur in bestimmten Jahreszeiten auf Äcker ausgebracht werden darf.

Problematischer ist die Situation am Neckar. Die Kanalisierung des Flusses, die Bereitstellung von Kühlwasser und die Abwassereinleitung haben negative ökologische Folgen. So haben 26 Staustufen den Fluss in eine Kette stehender, sauerstoffarmer Miniaturseen verwandelt. Die Kraftwerke mit Durchlaufkühlung heizten den Neckar konstant bis zu 30 °C auf, Flora und Fauna konnten unter diesen Bedingungen nicht mehr leben. Heute gibt es Umweltauflagen: Sinkt zum Beispiel die Fließgeschwindigkeit unter einen bestimmten Wert, muss die Leistung der Kraftwerke gedrosselt werden. Bis 1974 war der Neckar unterhalb von Plochin-

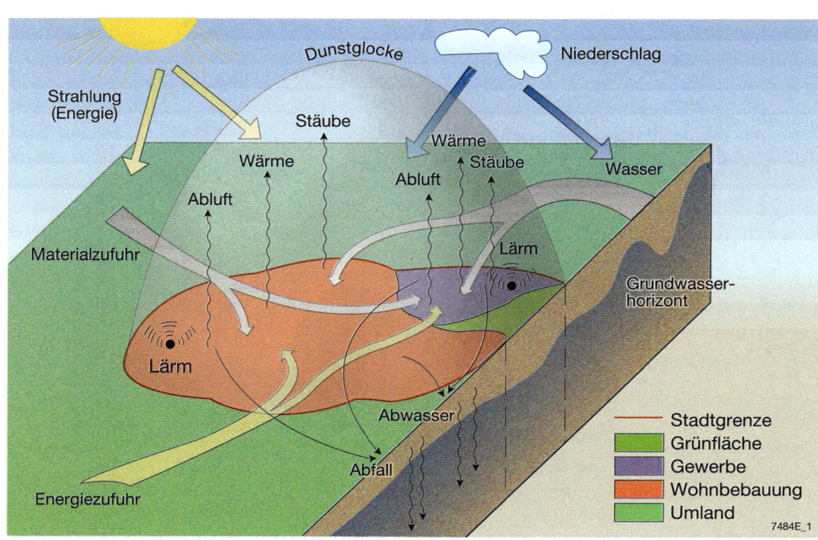

M 1: *Ökosystem Stadt (Modell)*

gen südlich von Stuttgart durch ungeklärte Abwässer am stärksten belastet. In den darauf folgenden Jahrzehnten sind zahlreiche Klärwerke gebaut worden. Dennoch bleibt der Neckar ökologisch bedroht, weil die Abwässer nicht vollständig gereinigt werden und sie bis zur Hälfte der Wassermenge des Flusses liefern.

Ein weiteres ökologisches Problemfeld in Agglomerationen ist die Feinstaubbelastung. Lange Jahre war das Problem zwar bekannt, wurde aber heruntergespielt. Feinstaub stellt ein besonderes Gesundheitsrisiko für den Menschen dar. Er kann Asthma- und Lungenerkrankungen sowie Herz-Kreislauf-Störungen und Lungenkrebs auslösen. Ein wichtiger Verursacher von Feinstaubemissionen ist der Straßenverkehr, insbesondere alte Dieselfahrzeuge und Lkw. 2007 begannen die ersten Gemeinden mit Aktionsplänen, um die Luftreinhalte-Richtlinie der EU umzusetzen. Danach kann die Feinstaubbelastung verringert werden, wenn innerstädtische Umweltzonen ausgewiesen werden, in denen nur Autos mit niedrigem Schadstoffausstoß fahren dürfen. Weitere Maßnahmen sind Transitverbote für Lkw im Fernverkehr, die Stärkung des öffentlichen Nahverkehrs, Verkehrsleitsysteme und ein Parkplatzmanagement. Am 1. März 2007 trat die Feinstaubverordnung in Kraft. Sie gibt Kommunen das Recht, Fahrzeuge mit zu hohen Ausstößen aus den Innenstädten auszuschließen.

In Hannover wurde der Grenzwert der Feinstaubbelastung, der seit dem 1.1.2005 an höchstens 35 Tagen im Jahr maximal 50 Mikrogramm je Kubikmeter Luft betragen darf, überschritten. Folglich zählt Hannover ebenso wie die Agglomerationsräume Berlin und Köln zu den ersten deutschen Großstädten, die ab Januar 2008 eine Umweltzone auswiesen. Mehr als 30 Städte wollen bis 2010 folgen, darunter München, Stuttgart und Frankfurt am Main. Die Umweltzone darf nur mit einer Plakette befahren werden. Andernfalls drohen ein Bußgeld von 40 Euro und ein Punkt in Flensburg. Sondergenehmigungen für eine einmalige Fahrt sind sehr teuer. Je nach Schadstoffklasse des Kraftfahrzeugs werden entsprechend farbige Plaketten benötigt. Innerhalb von drei Jahren werden die Auflagen verschärft. Ausnahmen gibt es unter anderem für den Öffentlichen Personennahverkehr und Fahrzeuge mit bestimmten umweltfreundlichen Kraftstoffen.

M 3: *Feinstaub-Umweltzone in Hannover*

Feinstaub

Kleinste Staubpartikel mit einer Partikelgröße kleiner 10 µm, die eingeatmet werden können

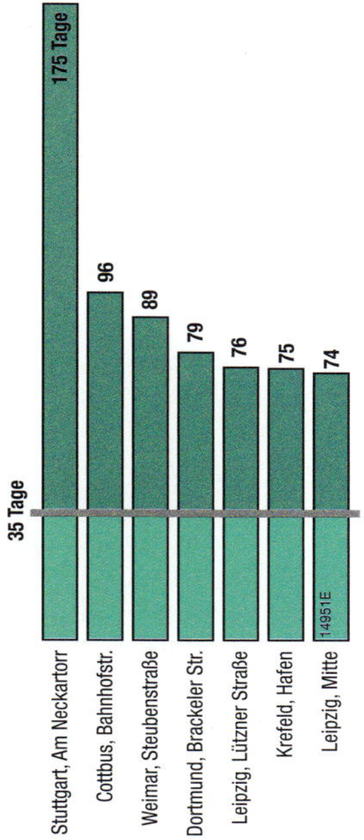

M 2: *Feinstaub: Die am meisten belasteten Straßen Deutschlands (Tage, an denen 2006 die Feinstaubbelastung über 50 µg/m³ Luft war; EU-Richtlinie: nicht öfter als 35 Tage pro Jahr)*

1. *Analysieren Sie die ökologische Situation am Neckar. Zeigen Sie Verbesserungsmöglichkeiten auf.*
2. *Recherchieren Sie im Internet die aktuelle Situation zur Feinstaubbelastung in deutschen Städten und zum Kampf dagegen. Berichten Sie darüber in einem kurzen Vortrag.*

3.5.2 Verkehrskonzepte

Agglomerationen verfügen in der Regel über eine gute Verkehrsstruktur. Raumordnungsprogramme sorgen für die Anbindung des ländlichen Raumes.

Agglomerationsraum	Personen in Mio.
Rhein-Ruhr	1283
Berlin	1230
Frankfurt/M.	640
München	581
Hamburg	567
Rhein-Sieg	470
Stuttgart	318
Hannover	165

13728E

M 1: *Öffentlicher Personennahverkehr in Agglomerationsräumen (jährlich beförderte Personen in Mio.)*

Die Verkehrsmittelverfügbarkeit ist mitprägend für das räumliche Nachfrageverhalten der Konsumenten. Fehlen leistungsfähige Verkehrsmittel, ist die räumliche Nachfrage auf den Nahbereich begrenzt; stehen Verkehrsmittel zur Verfügung, können innerhalb der gleichen verfügbaren Zeit weiter entfernte Standorte erreicht werden, womit sich der Aktionsradius der Nachfrager erweitert. Der öffentliche Linienverkehr begünstigt Zielorte an Verkehrsknoten und Haltestellen; der Individualverkehr erleichtert das Erreichen peripherer Standorte.

Die Verkehrspolitik hat die Aufgabe, Regionen, Städte und Gemeinden durch Verkehrswege möglichst flächendeckend miteinander zu verbinden. Auf Bundesebene wurde deshalb ein Bundesverkehrswegeplan erstellt, der verkehrstechnische Versorgung entsprechend den festgelegten Bedarfsstufen und den finanziellen Gegebenheiten gewährleisten soll. Der genaue Verkehrswegeverlauf wird im Rahmen eines Raumordnungsverfahrens geklärt, nachdem alle Interessengruppen angehört wurden.

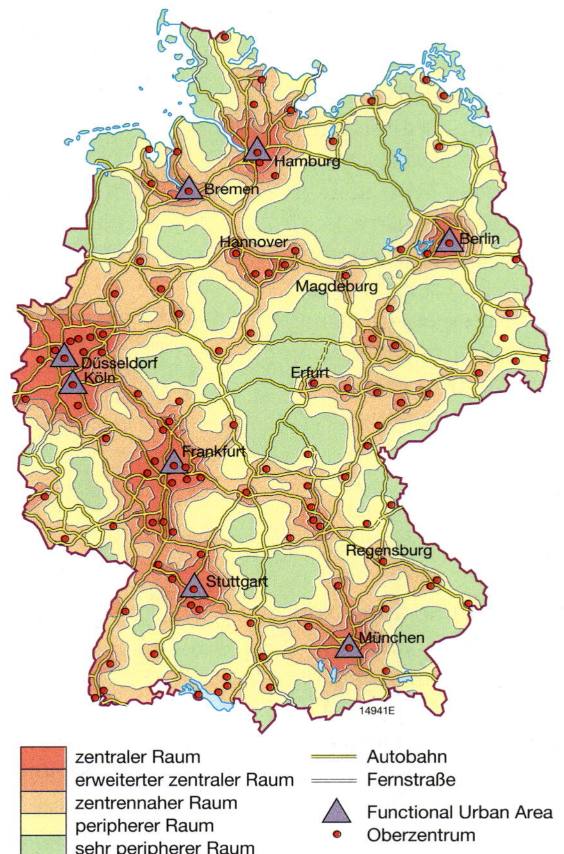

M 2: *Pkw-Erreichbarkeit von Oberzentren*

In Verdichtungsräumen wie dem Rhein-Ruhr- oder dem Rhein-Main-Gebiet oder in Agglomerationsräumen wie Berlin gibt es wegen der hohen Bevölkerungsdichte große Verkehrsverbünde des öffentlichen Personenverkehrs. Während die Verbünde in den Metropolregionen auch den regionalen Bahnverkehr einschließen, erstreckt sich der Verbund in Oberzentren weitgehend auf Bus, Straßenbahn und im Großraum auf die S-Bahn. Preisgünstige Angebote und kurze Taktzeiten helfen, den umweltschädlichen Individualverkehr einzuschränken und Parkraum einzusparen. Dieses Ziel wird durch den Ticketverbund noch eher erreicht; Fahrkarten mit einem Oberzentrum als Zielort berechtigen, nach der Ankunft weitere öffentliche Verkehrsmittel kostenlos zu benutzen, um das Mikroziel (beispielsweise den Arzt) zu erreichen. Einen ähnlichen Effekt hat das Tagesticket, mit dem ein Großraum einen Tag lang bereist werden darf.

Die Anbindung an Flughäfen wird innerhalb der Stadt zunehmend mit Hilfe von Bahnanschlüssen erreicht (Beispiel Hannover-Langenhagen oder Frankfurt Main-Airport) oder als Stadt-Stadt-Verbindung (ICE-Strecke Köln-Frankfurt). Direkte Anschlüsse sind in weiteren Großräumen wie Berlin und Stuttgart geplant. In der Touristik leisten immer mehr kleinere Flughäfen wie Münster oder Halle-Leipzig Zubringerdienste zu Flughafen-Knotenpunkten wie Düsseldorf, München, Hannover und Stutt-

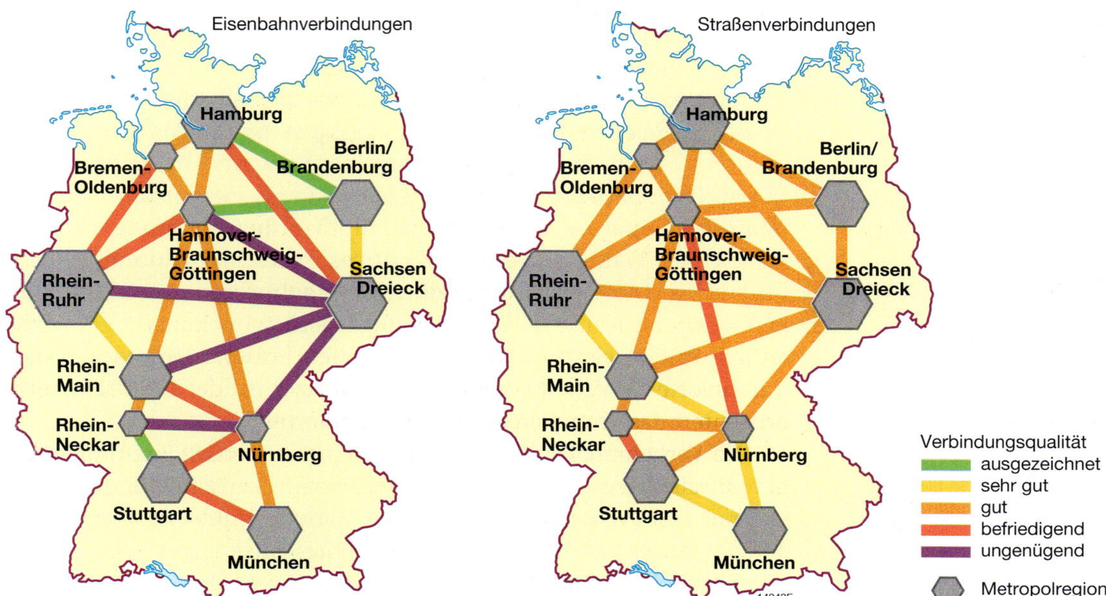

M 3: *Verbindungsqualität der Straßen- und Eisenbahnverbindungen der Metropolregionen in Deutschland (2006)*

gart oder im Ausland Amsterdam, London und Paris. Das gilt besonders für Charterflüge mit einer geringen Auslastung auf Kurzstrecken, die deshalb zu größeren Fluggasteinheiten an zentralen Punkten zusammengefasst werden. ICE-Neubaustrecken wie jene von Hannover nach Stuttgart oder München sind ohne viele Zwischenstopps geplant, damit sie den innerdeutschen Flugverbindungen bewusst Konkurrenz machen.

In Großstädten erlebt die Straßenbahn vielerorts eine Renaissance: Trassen werden in neue Wohn- und Industriegebiete verlegt, frühere Gleisanlagen erneuert. Um effektiv zu sein, werden geräumige Wagen eingesetzt. Eine automatische Ampelschaltung gewährt Vorfahrt und die Bahn verkehrt auf einem eigenen Gleisbett in der „Straßen"-Mitte. Auch Busse erhalten eine eigene Fahrspur und nutzen die gleiche Haltestelle wie die Straßenbahn. Zusätzliche Zugverbindungen zur Hauptverkehrszeit machen die Zugfahrt hinsichtlich der Auslastung zumutbar und sorgen für eine zügige Entleerung der Stadt und Rückführung in die Heimatorte. In peripheren Räumen kam es hingegen in den letzten Jahren zu zahlreichen Streckenstilllegungen, weil das Fahrgastaufkommen infolge des erheblich verstärkten Individualverkehrs nicht mehr kostendeckend ist.

In Ostdeutschland mussten das Straßennetz überholt und ausgebaut sowie das Eisenbahnnetz verdichtet und reaktiviert werden. Oberzentren wie Dresden wurden genauso angeschlossen wie Mittelzentren im Mittelgebirgsraum zur niedersächsisch-hessisch-bayrischen Grenze. Autobahnanschlüsse werden im Zuge der EU-Erweiterung in die Anrainerstaaten verlängert. Um den weitgehend landwirtschaftlich geprägten Ostseeraum verkehrlich besser anzubinden und für Industrieansiedlungen attraktiv zu machen, wurde die Ostseeautobahn A20 fertiggestellt. Solche Autobahnneubauten verbessern nicht nur die Verbindung von Oberzentren, sondern helfen auch, ländliche und periphere Räume zu erschließen. Dazu zählen etwa die Küstenautobahn von Stade nach Cuxhaven und der Autobahnanschluss des Emslands in die Niederlande.

1. *Informieren Sie sich unter www.bmvbs.de > Verkehr > Programme über den Bundesverkehrswegeplan. Berichten Sie über Ihre Ergebnisse.*
2. *Beurteilen Sie die Verbindungsqualitäten zwischen den deutschen Metropolregionen (M 3).*
3. *Bewerten Sie den Investitionsaufwand in die Infrastruktur der neuen Bundesländer, der nach der deutschen Wiedervereinigung betrieben wurde.*

Mit der Erkenntnis, dass die Eisenbahn verkehrspolitisch wieder aufgewertet werden muss, stieg auch das Interesse an Bahnhöfen. Die Neubauten der letzten Jahre wie der Berliner Hauptbahnhof und die Umbauten mit multifunktionalen Nutzungen wie der Leipziger Hauptbahnhof dienten somit immer auch der Imageverbesserung des Verkehrsmittels als Ganzem. So wurde der Bahnhof von einer Verkehrsdurchgangsstation zur Verweilstation und zum Einkaufscenter und Reisezentrum.

Bahnhofstypen:

Durchgangsbahnhof:
häufigste Bahnhofsart, bei der das Bahnhofsgebäude an durchlaufenden Gleisverbindungen errichtet ist (Hbf Hannover). Eine Sonderform ist der Reiterbahnhof, bei dem das Gebäude quer über das Gleisfeld (Hbf Hamburg) oder unter das Gleisfeld (Hbf Essen) gebaut ist.

Kopfbahnhof:
Bahnhof, in dem mehrere Eisenbahnstrecken an einem Punkt enden (Hbf München, Hbf Leipzig)

Kreuzungsbahnhof:
Bahnhof, in dem sich zwei Strecken kreuzen. Eine Sonderform ist der Turmbahnhof, bei dem die Strecken kreuzungsfrei auf unterschiedlichem Niveau geführt werden (Hbf Berlin)

Zum Zeitpunkt, da der Leipziger Hauptbahnhof im Jahr 1915 fertig gestellt wurde, war die Stadt ein mächtiges Handelszentrum im Herzen Deutschlands. Diese Bedeutung sollte im Bahnhof zum Ausdruck kommen. Zwischen 1840 und 1874 entstanden sechs voneinander getrennte Bahnhöfe in der Stadt. Aufgrund der großen Entfernungen der einzelnen Bahnhöfe untereinander sowie des wirtschaftlichen Aufschwungs und des damit verbundenen Anstiegs der Bevölkerungszahlen und des Güterverkehrs wurde 1902 der Vertrag für einen zentralen Bahnhof unterzeichnet. Leipzig war die Eisenbahnmetropole Deutschlands mit einer Kathedrale des Verkehrs als Bahnhof. Der Kopfbahnhof ist heute denkmalgeschützt. Er wurde von 1995 bis 1997 als vorrangiges Verkehrsprojekt Deutsche Einheit renoviert und zugleich umgestaltet.

Das Hamburger Unternehmen ECE, das sich auf die Entwicklung städtischer Einkaufszentren spezialisiert hat, erweiterte den Bahnhof zu einem multifunktionalen Dienstleistungszentrum. Anfangs war es nicht einfach, Mieter für die Läden im Bahnhof zu finden. Die Menschen lebten noch mit dem Vorurteil, Bahnhöfe seien dunkel, dreckig und unsicher. Zwei Jahre nach der Eröffnung war dieses Vorurteil hinreichend widerlegt. Umfragen haben ergeben, dass die Einkaufsmöglichkeiten das Angebot der City ergänzen. Knapp die Hälfte der Mieter sind Händler aus der Innenstadt und dem Einzugsbereich Leipzigs. Der neue Bahnhof ist nur noch bedingt eine Bahnstation. Der „Reisedom von Leipzig" wurde unter Beibehaltung der Außenfassade zum „Kaufhaus mit Gleisanschluss".

Das Bahnkreuz Berlin erfuhr erhöhte Aufmerksamkeit mit der Zusammenführung der Streckennetze von Westdeutschland und DDR und den

M 1: *Mit dem Leipziger Bahnhof soll bewiesen werden, dass Einkaufen und Bahnreisen zusammengehören und damit Einkaufscenter nicht auf der „grünen Wiese" entstehen müssen.*

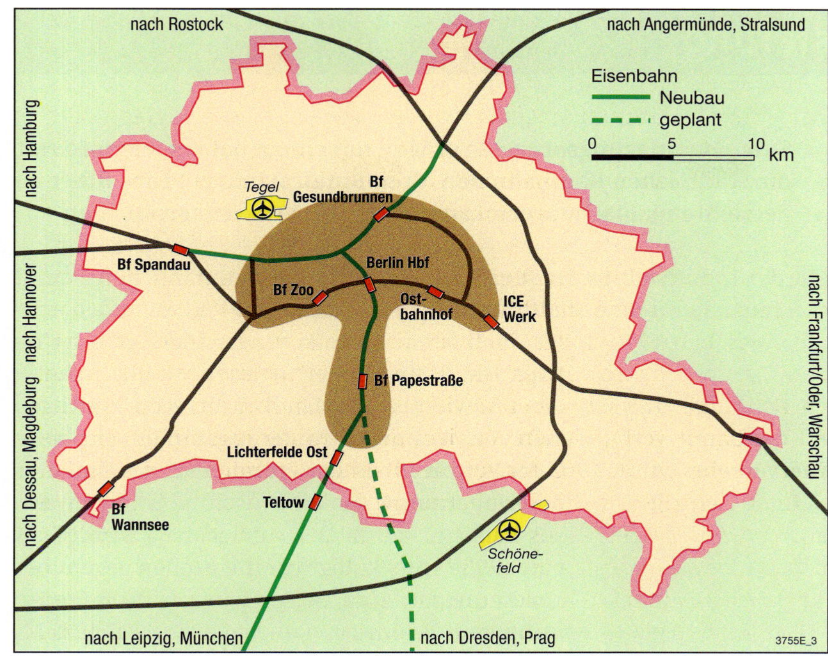

M 2: *Das Pilzkonzept der Deutschen Bahn im wiedervereinigten Berlin*

sich daraus ergebenden Konsequenzen für ein Sanierungskonzept. Der Berliner Hauptbahnhof ist vorrangig gebaut worden, um den Verkehrsansprüchen einer Bundeshauptstadt gerecht zu werden. Der Ausbau des bisherigen zentralen Bahnhofes Berlin Zoo wäre flächenmäßig nicht möglich gewesen und hätte wegen des notwendigen Umfahrens der Stadt zudem einen Zeitverlust bedeutet. Der Berliner Hauptbahnhof liegt bewusst in der Mitte der Stadt und ist das Eingangstor zur Stadt und zum Regierungsviertel.

Mit der Inbetriebnahme des Berliner Hauptbahnhofes wird ein neues Verkehrskonzept wirksam, das Pilzkonzept. Nach ihm sind die Fern- und Regionalstrecken angelegt. Der nördliche Stadtring und die Ost-West-Achse bilden den „Hut" und die „Krempe" des Pilzes, von dem der Nord-Südverkehr („Stiel" des Pilzes) abgeht. Seit der Fertigstellung des Hauptbahnhofes gibt es eine Nord-Süd-Trasse, so dass nach dem Endausbau der Strecke die Züge aus dem Norden über den Bahnhof Gesundbrunnen in die Stadt hinein fahren und nach München über das Südkreuz statt auf der Ost-West-Trasse. Die zeitaufwendige Fahrt über den Berliner Außenring, einst zur DDR-Zeit zwecks Umfahrung von Westberlin geschaffen, wird durch das Bahnkreuz überflüssig. Auch für die meisten Reisenden im Nahraum werden die Fahrzeiten verkürzt. So ist der Hauptbahnhof ein wichtiger Baustein der Verkehrsachse Norddeutschland-Berlin-Mitteldeutschland-Bayern. Dank der neuen Streckenführung und des Streckenausbaus für Züge mit einer Geschwindigkeit von 200 km/h wird die Fahrzeit nach Leipzig je nach Zugtyp von 90 Minuten auf 60 bis 73 Minuten reduziert.

Der Neubau des Berliner Hauptbahnhofs umfasst drei Ebenen. Sie sind durch 54 Rolltreppen und 34 Aufzüge (davon sechs gläserne Panorama-Aufzüge) verbunden. Zwischen den beiden Trassenebenen liegen Gewerbeflächen mit 80 Läden. 800 Menschen haben in Shops, Cafés, Kneipen und Restaurants sowie vorrangig in Dienstleistungen der Deutschen Bahn AG einen Arbeitsplatz erhalten.

1. *Wägen Sie Vor- und Nachteile der neuen Bahnhöfe als „Kaufhäuser mit Gleisanschluss" ab.*
2. *Erläutern Sie, warum in Berlin ein neuer Hauptbahnhof errichtet wurde.*

3.6 Suburbanisierung

Suburbanisierungsprozesse prägen seit einem halben Jahrhundert die städtischen Räume in den alten Bundesländern. Dies führt zu Zersiedlung, Flächenverschwendung und Verkehrsproblemen.

Mit der Industrialisierung der Städte und mit dem allmählichen Verfall von innerstädtischen Stadtteilen zog es erst die besser Verdienenden, später auch breite Bevölkerungsschichten ins Umland. Die „Häuslebauer" wurden vor allem durch die günstigeren Baulandkonditionen und den höheren Wohnwert in die städtische Peripherie gelockt. Später war der Freizeitwert des Umlands das Hauptmotiv für eine Abwanderung in den suburbanen Raum. Der suburbane Raum bietet eine Reihe von ökologischen Vorteilen gegenüber der Kernstadt, zum Beispiel in geringer Entfernung zum Wohnsitz naturbelassene Flächen als Naherholungsgebiete, geringeres Lärmaufkommen, mehr Licht und bessere Luft.

Es gibt aber auch eine gegenläufige Entwicklung. Die Reurbanisierung zieht vor allem junge Singles in die City. In den architektonisch ansprechenden Altbauvierteln sind zunächst Szeneviertel entstanden, die im Laufe der Zeit auch immer mehr wohlhabende Bevölkerungsgruppen angesprochen haben. Auch ältere Menschen, die es sich finanziell leisten können, bleiben wegen der kurzen Versorgungswege innenstadtnah wohnen. Finanzschwache Rentner ziehen aus Kostengründen in frei gewordene innenstädtische Wohnungen mit geringerem Komfort. Viele Familien sind hingegen weiterhin bemüht, in möglichst geringer Entfernung zum Arbeitsplatz zu wohnen, allerdings nicht unbedingt in unmittelbarer Großstadtnähe. Kann die Stadt keinen gemeindeeigenen Grund und Boden mehr neu ausweisen, dann eröffnen Eingemeindungen einer Stadt neue Möglichkeiten, Bauland bereit zu stellen.

Gesellschaftlicher Wandel: Singlehaushalte, Überalterung, Bedeutung von Wohneigentum
Industrialisierung
ländlicher Raum
Kernstadt
Umland
bis heute
ländlicher Raum
Einzelhandel, Infrastruktur
Industrie
sportliche, kulturelle Events
Kernstadt
Bürodienstleistungen
Umland
Ausland
Bevölkerungszuwanderung (Lohnwert)
Bevölkerungsabwanderung (Wohnwert u. Freizeitwert)
Automobilisierung, Entwicklung von Informations- und Kommunikationstechnologien
12013E_1

M 1: *Urbanisierung und Suburbanisierung in Verdichtungsräumen*

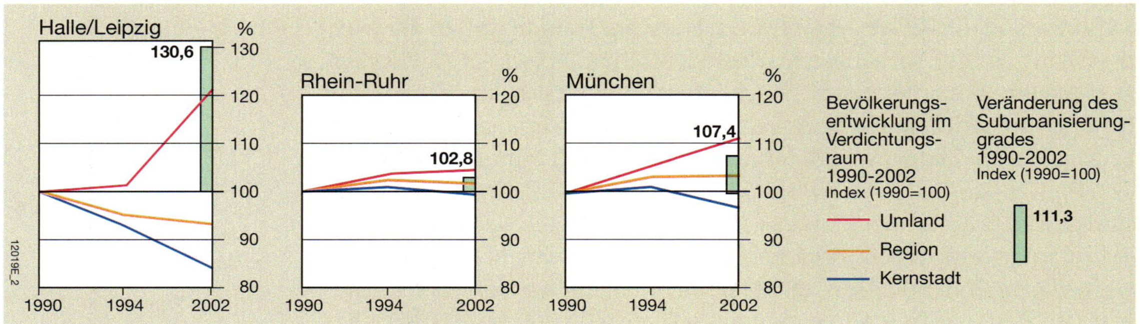

M 2: *Bevölkerungssuburbanisierung in Verdichtungsräumen*

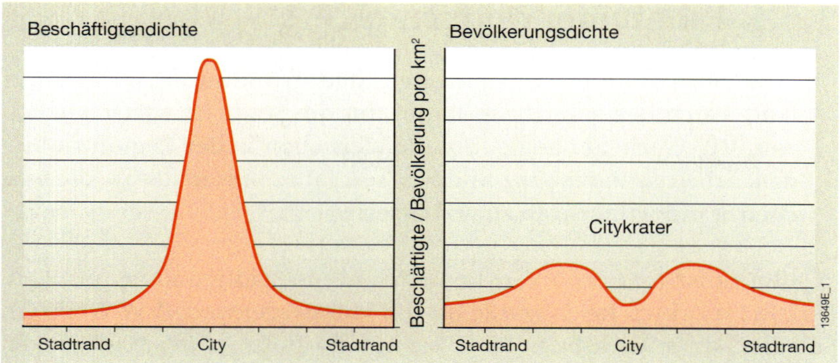

M 3: *Modell der Beschäftigten- und Bevölkerungsdichte einer Großstadt*

Andernfalls wird eine Wohnung in der nächsten verkehrlich gut erreichbaren Stadt gesucht (Desurbanisierung). In diesen kleineren Zentren des ländlichen Raumes finden Menschen mehr Ruhe, niedrige Baupreise und geringe Immissionen, ohne aber in Anonymität leben zu müssen.

M 4: Quellentext zu den Wanderungsmotiven
Ernst, C.: Siedlungsgeographie, 2007

Die in die Stadt Zuziehenden sind in der Regel jüngere Einpersonenhaushalte mit geringem bis mittlerem Einkommen, die zur Ausbildung bzw. zum Start in das Berufsleben in die Stadt ziehen und zu einem höheren Anteil als bei den Fortziehenden ihren neuen Wohnort nur als befristete Übergangslösung ansehen. Das bedeutendste Wanderungsmotiv ist die Nähe zum Ausbildungs- bzw. Arbeitsort. Zusätzlich werden die räumliche Nähe zu Freunden und Bekannten, sowie zu kulturellen Angeboten und Freizeiteinrichtungen genannt. Die Fortziehenden sind in der Regel Mehrpersonenhaushalte. Dabei handelt es sich um Paare oder Paare mit Kind bzw. Kindern aus mittleren Altersgruppen, die erwerbstätig sind und über höhere Haushaltseinkommen verfügen. Wesentliche Wanderungsmotive sind die Verbesserung der unmittelbaren Wohnsituation und des Wohnumfeldes. Dabei werden die besseren Wohnbedingungen des Umlandes mit der großstädtischen Infrastruktur des Zentrums (z.B. Theater, Museen) kombiniert. Die damit verbundenen Konsequenzen wie erhöhte Mobilitätserfordernisse werden in Kauf genommen. Diese Darstellung entspricht weitgehend den bekannten klassischen Wanderungsmustern, die klischeehaft als „Abiturient geht zum Studieren in die Stadt“ bzw. „Familie sucht ein Haus im Grünen“ umschrieben werden können.

Der Suburbanisierungsprozess erfasste auch den wohnbevölkerungsbezogenen Einzelhandel, der seiner Kundschaft in den suburbanen Raum folgte. Als weitere Wohnfolgeeinrichtungen wurden Kindergärten, Schulen und andere soziale Einrichtungen gebaut. Später verlagerten die Industriebetriebe ihre Produktionsstätten an den Stadtrand oder ins Umland, da die ursprünglichen Standorte innerhalb der Kernstadt zu teuer wurden, für die Belieferung und den Absatz verkehrstechnische Hindernisse darstellten, keine Expansionsmöglichkeiten boten und zunehmend stadtökologisch bedenklich waren. Durch bauliche Höhenbeschränkungen in vielen deutschen Innenstädten wurden die Büroflächen knapp, so dass Büronutzungen und Firmensitze verlagert wurden. Bürostädte wurden als Entlastungszentren an ausgewählten Standorten im Umland errichtet, zum Beispiel an Autobahnen und Flughäfen. Sie fangen viele Arbeitspendler weit vor der Innenstadt ab.

1. *Stellen Sie in einem kurzen Text den zeitlichen Ablauf von Urbanisierung und Suburbanisierung dar (M 1).*
2. *Benennen Sie die Bevölkerungsgruppen, die eher in die Innenstädte bzw. die Vororte ziehen.*
3. *Erläutern Sie die Begriffe Suburbanisierung, Reurbanisierung und Desurbanisierung in Tabellenform.*

3.6.1 Fallstudie: Wolfsburg

Wolfsburg zählt zu den jüngsten Stadtgründungen in Deutschland. Auch der suburbane Raum um die Stadt ist wirtschaftlich vom VW-Werk abhängig. Um die Menschen in der Region zu binden, arbeiten Wolfsburg und VW seit Jahrzehnten daran, die weichen Standortfaktoren zu verbessern.

Wolfsburg ist innerhalb von Deutschland als Stadtgründung ein Sonderfall. Im Dritten Reich wurde für das Volkswagenwerk (VW-Werk) ein Standort an der Reichsbahnlinie Essen-Hannover-Berlin sowie an den neu erbauten Verkehrslinien Mittellandkanal und West-Ost-Autobahn (A 2) gesucht. Die Entscheidung fiel zugunsten eines Standortes nördlich des Mittellandkanals in unmittelbarer Nachbarschaft von Alt-Wolfsburg. Adolf Hitler legte am 26. Mai 1938 den Grundstein für eine riesige Autofabrik, die schon 18 Monate später fertig gestellt wurde. Parallel zum Werksbau wurde mit dem Bau einer Industriestadt begonnen. Dazu wurden die insgesamt 857 Einwohner fassenden Dörfer Alt-Wolfsburg, Heßlingen, Rothenfelde und Rothehof zur „Stadt des Kraft-durch-Freude-Wagens" zusammengeschlossen.

Während des Zweiten Weltkriegs wurde die Auto- zugunsten der Rüstungsproduktion eingestellt. Luftangriffe zerstörten zwei Drittel der Stadt, so dass Wolfsburg 1945 nur noch aus einer zerstörten Fabrik, einer Restsiedlung und vielen Baracken bestand. Der Wiederaufbau erfolgte autogerecht nach amerikanischem Muster. Mit der Grenzziehung zwischen den beiden Staaten waren die ursprünglichen Standortvorteile dahin, bis 1990 lag das Stadtgebiet nur wenige Kilometer von der innerdeutschen Grenze entfernt. Die von West nach Ost verlaufenden Fernverkehrslinien waren Richtung Osten nur noch als Transitwege nutzbar. Als Folge der Grenze reduzierte sich das Arbeitskräftepotenzial auf den niedersächsischen Raum. In den 1960er-Jahren kamen immer mehr „Gastarbeiter", vor allem aus Italien, die nahe Alt-Wolfsburg in unmittelbarer Nähe des VW-Werkes konzentriert angesiedelt wurden.

M 1: *VW-Werksgelände in Wolfsburg*

In den 1950er-Jahren vollzog sich die Siedlungsentwicklung zunächst südlich des VW-Werks zwischen Klieversberg und dem Mittellandkanal, wo zwischen 1951 und 1960 neue Stadtteile entstanden. Der ursprüngliche Planungsrahmen für Siedlungs- und Industrieflächen von 1938 war bis etwa 1964 ausgeschöpft, sodass keine größeren Baulandflächen mehr ausgewiesen werden konnten. Anfang der 1960er-Jahre entstanden mit den Siedlungen Tiergartenbreite und Teichbreite erstmals neue Stadtteile nördlich des Mittellandkanals. Sie waren durch Grün- und Waldflächen vom bestehenden Siedlungskörper getrennt. In den späten 1960er-Jahren war der Wohnungsbau in der Kernstadt dann zum einen im Süden durch die großen Siedlungsprojekte Detmerode und Westhagen mit mehr als 10 000 Einwohnern, zum anderen durch das reine Einfamilienhausgebiet Kreuzheide im Norden gekennzeichnet. Wegen des begrenzt verfügbaren Baulandes wurde entschieden, in Westhagen die Baufläche durch zwölfgeschossigen Wohnungsbau maximal auszuschöpfen.

Nach der Gebietsreform von 1972 und entsprechenden Eingemeindungen wuchs die Fläche der Stadt von 34 km² auf 204 km² und weitere Grundstücke konnten zum Eigenheimbau angeboten werden. Für die Neubauten wurden selbst hochwertige Agrarflächen umgewidmet. Zwischen 1972 und 2001 wurden vor allem Gebiete beiderseits der von Nord nach Süd verlaufenden A 39 und in der Umgebung von Reislingen erschlossen, sodass nunmehr die Siedlungen zwischen Fallersleben im Westen und Reislingen im Osten zu einem West-Ost ausgerichteten Siedlungsband zusammenwuchsen, ergänzt durch einen Nord-Süd ausgerichteten Ausläufer zwischen Hageberg und Detmerode.

Um auf preiswertem Baugrund Eigenheime zu bauen, zogen die Einwohner verstärkt ins Stadtumland. Zwischenzeitlich sank die Einwohnerzahl, weil das Volkswagenwerk aufgrund einer globalen Rezession rationalisierte. Das Werk blieb jedoch weiterhin die wirtschaftliche Basis der Stadtentwicklung. 2006 war Wolfsburg mit rund 120 000 Einwohnern nach Hannover, Braunschweig, Osnabrück, Oldenburg und dem fast gleichgroßen Göttingen die sechstgrößte Stadt Niedersachsens. Nach dem Ausbau der K 114 zwischen Gifhorn und Wolfsburg, die direkt ins Werk führt, zogen viele Beschäftigte mit ihren Familien auch in westliche Richtung bis hinein in den 20 km entfernten Gifhorner Raum.

Mit der Verkürzung der Wochenarbeitszeit bei VW stiegen die Ansprüche an Kultur- und Freizeiteinrichtungen. 1970 wurde der Allersee freigegeben, 1977 das Badeland eröffnet. 1976 erhielt Wolfsburg einen Innenstadtring, woraufhin die 40 m breite Porschestraße zur Fußgängerzone umgebaut wurde. Diese einstmalige Hauptverkehrsstraße ist heute der Mittelpunkt der City. Um den kulturellen Anspruch in der ehemals reinen Werkssiedlung zu erhöhen und auch Besucher von außerhalb anzuziehen, entstanden unter anderem das Theater (1973), das Planetarium (1983), das Kunstmuseum (1994), der Erlebnispark Autostadt (2000), das Fußballstadion Volkswagen-Arena (2002) und das Science-Center phaeno (2005). Damit erlebte Wolfsburg einen Wandel von einer Werkssiedlung zu einer Stadt mit wachsender Atmosphäre und kultureller Vielfalt.

Der allgemeine Strukturwandel im primären Sektor und die besser dotierte Tätigkeit im VW-Werk erleichterten die Stilllegung landwirtschaftlicher und handwerklicher Betriebe am Wohnort. Der ländliche Charakter der eingemeindeten Dörfer veränderte sich allmählich, ging aber

1945	18 677
1950	26 941
1960	62 935
1970	93 494
1972	130 979
1980	131 225
1990	128 685
1995	126 151
2000	121 261
2005	121 158

M 2: *Bevölkerungsentwicklung in Wolfsburg (jeweils am 31.12.)*

Insgesamt	**11 984**
davon aus	
Italien	5 319
Polen	718
Serbien und Montenegro	627
Türkei	583
Tunesien	401

M 3: *Größte Ausländergruppen in Wolfsburg (2006)*

1. *Erstellen Sie eine Tabelle zu den wesentlichen Entwicklungsschritten von Wolfsburg.*
2. *Erörtern Sie die Zahlen der Ausländeranteile in Wolfsburg vor dem Hintergrund des Begriffs „Gastarbeiter“.*

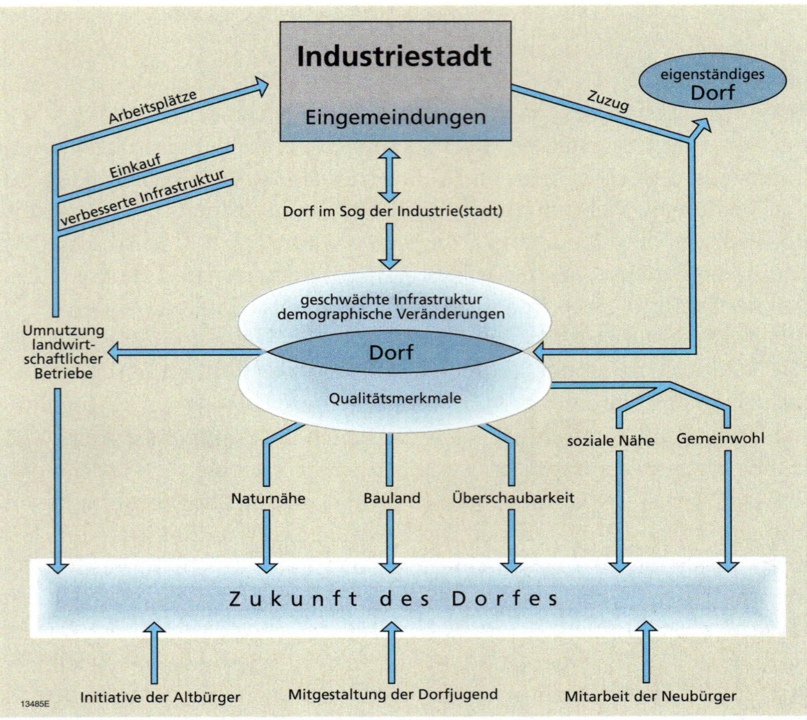

M 1: *Werteverlust des Dorfs*

Der Arbeitsplatz in der Großstadt führt als Folge einer Umsiedlung ins städtische Umland zu einem Werteverlust des Dorfes:

- *Dorfstraßen werden zu Verkehrsschneisen,*
- *Neubürger pflegen weiterhin ihre bestehenden sozialen Kontakte außerhalb des neuen Wohnortes,*
- *Jugendliche verleben ihre Freizeit in der Stadt,*
- *für Besorgungen und Einkäufe wird oft die nächste größere Ortschaft mit dem Pkw angesteuert,*
- *Zuzüge schwächen das gemeinschaftliche Denken und Handeln.*

nicht vollständig verloren. Der Zuzug von Städtern mit ihren anders gearteten Ansprüchen brachte Bauformen, die dem ursprünglich landwirtschaftlich geprägten Dorfbild fremd waren. Der Strukturwandel der Dörfer führte zu einer Umwertung des Raumes und löste schließlich den Ruf nach einer Dorferneuerung aus.

Auch wenn Dörfer im städtischen Umland von der Stadt stärker beeinflusst werden als im ländlichen Raum, so wäre es dennoch falsch zu meinen, im suburbanisierten Raum gäbe es keine naturnahen und landwirtschaftlich geprägten Flächen mehr. Weil die Wohnsiedlungen im Umland wachsen, wo einst Wiesen und Äcker waren, ist man in den nach Wolfsburg eingemeindeten Dörfern darauf bedacht, den Naturhaushalt zu stabilisieren und Biotope zu pflegen. Die Attraktivität eines Arbeitsplatzes im VW-Werk führt zu einem andauernden Abbau der ohnehin nur noch raren Vollerwerbsbetriebe. Nach Abschluss der Wohnungsbauphase wurde der Schwerpunkt auf den weiteren Ausbau der Infrastruktur verlagert. So wurde die Verkehrsstruktur mit dem Wandel zu Pendlerwohngemeinden angepasst.

In Almke, 12 km südöstlich von Wolfsburg, blieben ortsprägende Dorfelemente und damit eine gewisse Identität erhalten, wenngleich auch dort Erwerbs- und Einkaufsmöglichkeiten schwanden. Man erkannte in diesem Dorf frühzeitig die Bedeutung weicher Standortfaktoren wie Lebensqualität und soziale Integrität sowie die Gefahr der Fremdbestimmung. Nach der Wiederentdeckung des Dorfwertes wurden in Niedersachsen ab 1994 Pläne zur Dorfentwicklung erstellt, die über eine simple Dorferneuerung hinausgehen. Dabei spielen Kommunikation und Heimatbewusstsein eine wesentliche Rolle. Dieser Intention entspricht die Umformulierung des Slogans „Unser Dorf soll schöner werden", der den Zusatz „Unser Dorf hat Zukunft" erhalten hat.

4 Wirtschaftsräume im Wandel

Deutschlands Wirtschaft und mit ihr das von ihr bestimmte Raummuster verändert sich kontinuierlich. Vor wenigen Jahrzehnten hätten die Einwohner des Ruhrgebiets nicht wahrhaben wollen, dass sich ihre wirtschaftsstarke Region in einen Problemraum wandeln würde. Ebenso wenig war nach dem Zweiten Weltkrieg absehbar, dass Süddeutschland zum Innovationsraum werden würde. Nach der Wiedervereinigung 1990 kamen die Herausforderungen in Ostdeutschland hinzu.

4.1 Strukturwandel in Deutschland

Wer wirtschaftlich erfolgreich bleiben möchte, muss sich stetig wandeln. Diese simple Maxime gilt auf allen Ebenen: für Volkswirtschaften, Regionen, Branchen und einzelne Unternehmen.

M 1: Quellentext zu den Entwicklungslinien des wirtschaftlichen Strukturwandels
Jung, H.-U.: Wirtschaftlicher Strukturwandel und regionale Entwicklung in Niedersachsen seit Anfang der 1980er-Jahre. Geographische Rundschau 5/2000

Der langfristige wirtschaftliche Strukturwandel in der Bundesrepublik Deutschland verläuft zu Gunsten der Dienstleistungen und auf Kosten des produzierenden Gewerbes. Innerhalb des industriellen Sektors profitieren diejenigen Zweige, die durch Produktinnovationen neue Märkte erschließen und in der Produktion nicht nur modernste Technologien, sondern auch viele qualifizierte Kräfte einsetzen. Verlierer sind energie-, rohstoff- oder umweltintensive Produktionen, die mit einfacheren Technologien eher wenig qualifizierte Arbeitskräfte benötigen. Gewinner im Dienstleistungssektor sind v.a. einzelne haushaltsbezogene Dienste wie das Sozial- und Gesundheitswesen sowie die eng mit dem industriellen Sektor verflochtenen unternehmensbezogenen Dienstleistungen, während Handel und Verkehrssektor stagnieren und die öffentlichen Dienstleistungen sogar schrumpfen. (...)

Zum Motor des Strukturwandels wurde in den 1990er-Jahren die durch weltweite Trends zur Privatisierung und Liberalisierung von Güter-, Dienstleistungs- und Faktormärkten ausgelöste Globalisierung der Wirtschaftsbeziehungen. Andererseits ermöglichten erst die Leistungssteigerungen der Transport- und Kommunikationstechnologien und die Senkung der Raumüberwindungskosten die Expansion grenzüberschreitender Aktivitäten in bisher nicht gekanntem Ausmaß. Der dadurch ausgelöste Wettbewerbsdruck auch auf bislang „geschützte" Wirtschaftszweige ließ nach dem Auslaufen des Wiedervereinigungsbooms im Jahr 1992 die bis dahin überdeckten Strukturprobleme der westdeutschen Wirtschaft mit zunehmender Schärfe zu Tage treten. Nicht nur die klassischen Kernbereiche der deutschen Exportwirtschaft einschließlich der Hochtechnologiesektoren gerieten unter zunehmenden Wettbewerbsdruck. Durch die Öffnung der osteuropäischen Volkswirtschaften entstand auch ein besonderer Kosten- und Anpassungsdruck in den Zweigen mit arbeitsintensiven und standardisierten Tätigkeiten. In der Folge brach die Beschäftigung in allen Bereichen des industriellen Sektors mehr oder weniger stark ein. Erst durch erhebliche Steigerungen der Produktivität v. a. in den „internationalen Sektoren" ist es der Wirtschaft in den letzten Jahren gelungen, die Wettbewerbsfähigkeit wieder durchgreifend zu verbessern. Auch innerhalb des Dienstleistungssektors wachsen diejenigen Branchen stärker, die Produktinnovationen realisieren und in höherem Maße qualifiziertes Personal einsetzen. Eine zentrale Rolle spielen dabei die neuen Informations- und Kommunikationstechnologien.

1. *Erläutern Sie die Zusammenhänge zwischen der Globalisierung und einem Strukturwandel in Deutschland.*
2. *Geben Sie in eigenen Worten einen Überblick über den Strukturwandel in Deutschland seit der Wiedervereinigung.*
3. *Diskutieren Sie die Entwicklungen in der deutschen Textilbranche seit 1950.*

Neben den wirtschaftlichen Rahmenbedingungen veränderten sich auch die Unternehmensstrukturen stark. Ein Umbau erfolgte durch Übernahmen und Eingliederungen von bislang selbstständigen Betrieben in Unternehmensverbünde. Innerbetriebliche Veränderungen sind vor allem die Konzentration auf Kernkompetenzen der Unternehmen, schlankere Produktionen und Auslagerungen von betrieblichen Funktionen an Drittunternehmen und Tochtergesellschaften (Outsourcing).

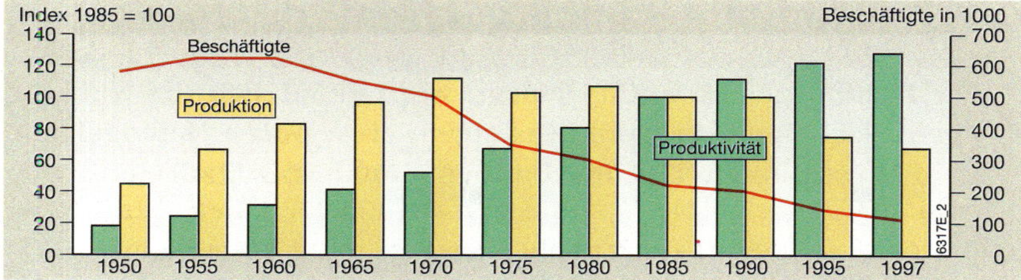

M 2: *Beschäftigung, Produktion und Produktivität in der Textilbranche*

Neben dem allgemeinen sektoralen Strukturwandel verändern sich auch einzelne Branchen. So erlebt die deutsche Textilindustrie seit 1990 einen tiefgreifenden Strukturwandel. Gegen die Billigproduktion vornehmlich aus Asien kann sie sich wegen der deutlich höheren Löhne nicht behaupten. Von den Niedriglöhnen in Afrika profitiert die Branche nur, sofern sie selbst im Ausland fertigen lässt. Entsprechend werden nicht nur Vertriebsnetze aufgebaut; es erfolgt auch eine Vernetzung mit anderen Betrieben in Deutschland und Nachbarstaaten, gefördert durch grenzübergreifende Zusammenschlüsse in vielen Bereichen (Euroregionen). In Westeuropa war die ostdeutsche Textilindustrie nach der Wiedervereinigung mit ihren zumeist maroden und technisch veralteten Maschinen, dem Arbeitskräfteüberbesatz und der Deutschen Mark als Verrechnungsbasis nicht mehr konkurrenzfähig. Zudem waren die vormals wichtigen Absatzmärkte in Osteuropa weggebrochen.

Die ostdeutsche Branche mit rund 260 Unternehmen und 19 000 Beschäftigten – 13000 in Sachsen – erwirtschaftet etwa 1,7 Mrd. Euro Umsatz pro Jahr. „Den Importen aus Asien wird Sachsen aber nur standhalten, wenn es sich neue Segmente erschließt. In dieser Hinsicht sind wir auf einem guten Weg“, bestätigte der Vorstandsvorsitzende Wolf Heindorf (...). Längst sei nicht mehr die Bekleidungsindustrie das umsatzstärkste Segment der Branche. Heinemann: „T-Shirts produzieren können andere billiger.“ Die Unternehmer im Ursprungsland der Textilindustrie haben längst begonnen, sich auf technische Textilien zu spezialisieren, deren Anteil 2005 bereits bei 42 % aller Waren lag. (...) Zum Einsatz kommen technische Textilien in der Fahrzeugindustrie für Autositze und Türinnenverkleidungen, als Geo-Textilien für Hangbewehrungen, als schwimmende Pflanzinseln oder als Gardinen, mit denen das Raumklima beeinflusst werden kann.“

M 3: Quellentext zur ostdeutschen Textilbranche
Robak, S.: Ostdeutsche Textilbranche wächst weiter. Leipziger Volkszeitung 1.6.2006

Rund zwei Jahrzehnte später ist die Textilbranche wieder konkurrenzfähig. Das verdankt sie ihrer Kreativität, einer gesteigerten Produktivität, dem Know-how, der Konzentration auf hochwertige Produkte sowie der Unterstützung von Seiten der Politik. Nachdem 1990 jeder zweite Betrieb aufgegeben hatte und die Beschäftigtenzahl im gleichen Umfang reduziert wurde, konnte 2006 ein Umsatz erzielt werden, der trotz halbierter Beschäftigtenzahl über dem von 2000 lag. Im gleichen Zeitraum stieg die Produktivität jedes Beschäftigten um 75 Prozent.

M 4: *Moderne Textilproduktion in Deutschland*

4.1.1 Fallstudie Hamburg HafenCity

Die Hamburger HafenCity belegt, wie radikal sich die Nutzung einer Fläche ändern kann. Aus einem einst puren Hafengelände wird ein eng an die City angebundenes modernes Stadtviertel.

Wenn sich wirtschaftliche Gegebenheiten und Rahmenbedingungen wandeln, müssen auch Standorte an die neuen Bedingungen angepasst werden – will man nutzlose Brachflächen im Stadtgebiet vermeiden. Im Ruhrgebiet war der Rückbau von Industrien die Ursache dafür, dass Flächen mit neuen Zuschnitten entstanden. In Hamburg ist der Ausbau der Containerfracht auf Kosten des traditionellen Hafenumschlags dafür verantwortlich. Die Stilllegung von nicht mehr benötigtem Hafengelände eröffnet dem Hamburger Senat die Chance der Neugestaltung und Berücksichtigung zeitgemäßer Lebensansprüche der Bürger: Freizeit und Erholung, Wohnungen und Büros am Wasser.

Einerseits mussten für den stark wachsenden Containerverkehr neue Kaianlagen und Logistikflächen geschaffen werden, andererseits fielen Hafenflächen brach. Die Formulierung „Vom Hafen zur City" signalisiert, dass mit der Veränderung von Kaianlagen nicht nur eine zusätzliche Bebauung, sondern ein klassischer Strukturwandel angestrebt wird. Die HafenCity soll mit städtischem Leben gefüllt und mit Brücken und neuen Trassen des Öffentlichen Personennahverkehrs an die traditionelle City angeschlossen werden.

Da der alte Elbtunnel denkmalgeschützt ist und das Fahrwasser deshalb nicht beliebig vertieft werden darf, bietet sich für eine Erschließung neuer Flächen überwiegend das westliche Hafengebiet an. Ein erstes entsprechendes Projekt mit dem Containerterminal Altenwerder war 2002 abgeschlossen worden. 2005 verabschiedete der Hamburger Senat ein In-

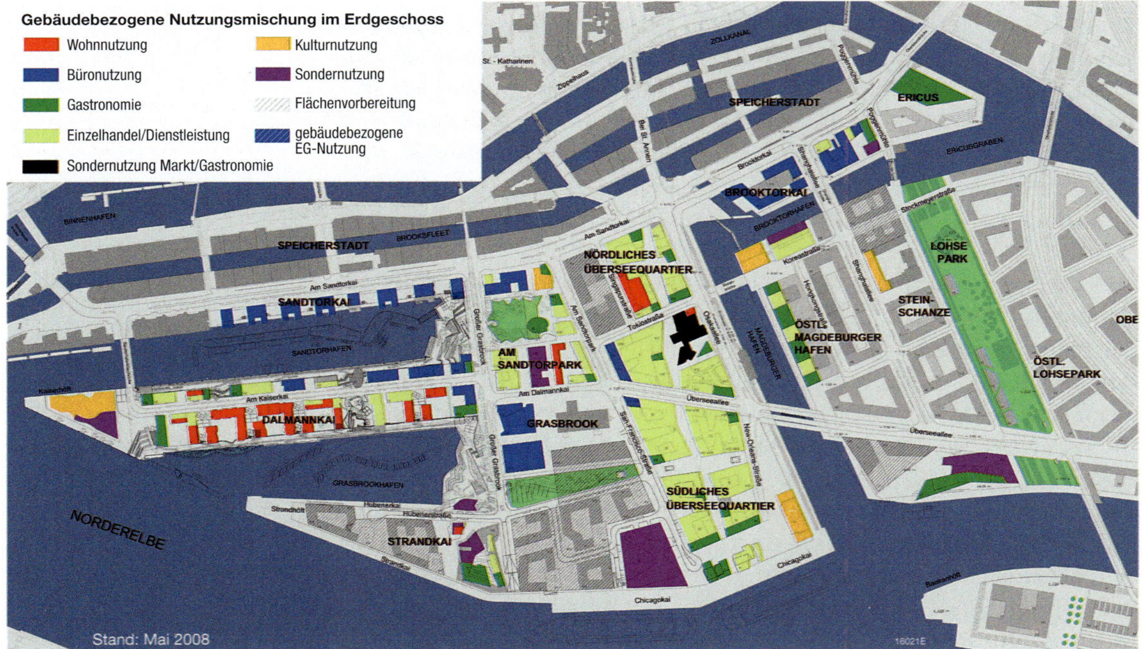

M 1: *Erdgeschossnutzung in der westlichen HafenCity*

M 2: *HafenCity Hamburg: Am Sandtorkai*

vestitionsprogramm mit dem Ziel, den mittleren Freihafen zu einem weiteren Containerterminal auszubauen. Damit war der Weg frei für den Strukturwandel eines nicht mehr genutzten Bereichs und die Expansion der Innenstadt am nördlichen Elbufer, südlich angrenzend an die Speicherstadt mit ihrer Backsteinfassade.

1997 wurden die Pläne für den Bau der HafenCity verabschiedet. Geplant wurde ein lebendiges citynahes Stadtviertel im Gegensatz zur leblosen Bürostadt in der City Nord. Auf 155 ha sollen direkt am Wasser 5 500 Wohnungen für 12 000 Menschen und Dienstleistungsflächen für 40 000 Arbeitsplätze entstehen. Parallel wird auch die historische Speicherstadt weitgehend umfunktioniert, nachdem Gewerbebetriebe den Standort verlassen haben und mehrere Gebäude abgerissen wurden. Mittelpunkt der HafenCity soll das sogenannte Überseequartier sein, das 450 Wohnungen und Flächen für 7 000 Arbeitsplätze vorhalten wird. Zusätzlich ist an touristische Attraktionen (z. B. Elbphilharmonie) und Komponenten mit Festivalcharakter gedacht. Doch das Quartier ist noch Zukunftsmusik. Zunächst konzentriert sich die Bebauung weitgehend auf Wohnungen und Büros sowie die Erstellung von Zufahrten. Flächen für den Einzelhandel werden bewusst nicht in einem Einkaufszentrum konzentriert. Vielmehr soll eine Einkaufsstraße mit kleinteiligem, innovativem Einzelhandel und Gastronomie die Verweildauer der Besucher des Überseequartiers erhöhen.

Damit der Stadtteil in das städtische Gesamtbild integriert werden kann, sind gute Verkehrsanbindungen notwendig. Derartige Maßnahmen können jedoch nur ein einzelner Baustein eines Masterplanes sein, der für ein Gesamtensemble sorgt und nicht dem Drängen von Investoren nachgibt, die vorrangig an einer hohen Rendite interessiert sind. Von dieser Gefahr ist auch die HafenCity nicht befreit, obwohl Grund und Boden weitgehend in städtischer Hand sind. Wichtig ist auch eine gute Durchmischung der Bevölkerungsstruktur, damit nicht nur den Finanzkräftigen der Blick vom Wohnzimmer auf die Wasserflächen gewährt wird. Deshalb sind bis zu 20 m breite Promenaden und Plätze am Wasser vorgesehen. Es ist bereits ein neues Kreuzfahrtterminal entstanden, sodass auch dort anlandende Passagiere mit ihrem Landgang die HafenCity beleben können.

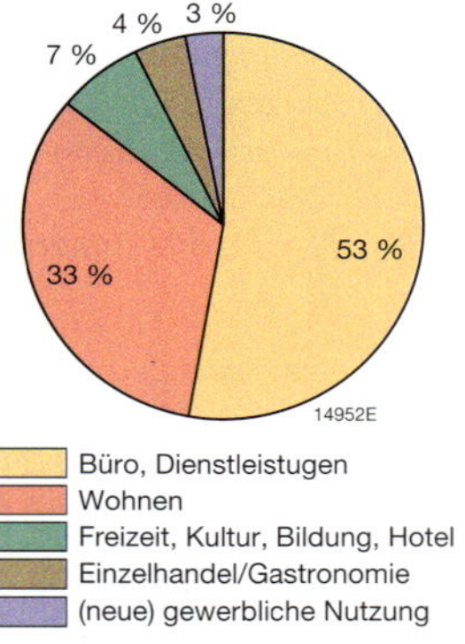

- Büro, Dienstleistugen
- Wohnen
- Freizeit, Kultur, Bildung, Hotel
- Einzelhandel/Gastronomie
- (neue) gewerbliche Nutzung

M 3: *Nutzungsmischung in der HafenCity*

1. *Listen Sie die stadtplanerischen Ideen auf, die mit dem Aufbau der HafenCity verbunden sind.*
2. *Beurteilen Sie die geplanten Maßnahmen in der HafenCity vor dem Hintergrund der Anbindung an die bestehende City.*

4.2 Altindustrialisierte Räume

Der regionale Strukturwandel betrifft vor allem die altindustrialisierten Räume. In der jüngeren Vergangenheit mussten sich in Westdeutschland besonders zwei Regionen „neu erfinden“: das Ruhrgebiet und das Saarland.

Merkmale altindustrialisierter Räume:
- *Monostruktur mit Verbundwirtschaft*
- *Großbetriebe mit jeweils Tausenden von Arbeitsplätzen*
- *fehlender Mittelstand mit Flexibilität und unternehmerischer Risikobereitschaft*
- *hohe Umweltbelastung durch Industrie, Siedlung und Verkehr*
- *starke Konzentration von Industrie- und Siedlungsanlagen mit Agglomerationsnachteilen durch Flächennutzungskonkurrenz und Mängel in der Infrastruktur*
- *wenige Bildungs- und Kultureinrichtungen*
- *fehlende Wachstumsbranchen / Spitzentechnologien*
- *hohe Subventionsleistungen des Staates*

Besonders schwer von einem notwendigen Strukturwandel betroffen sind die altindustrialisierten Räume. Der Steinkohlebergbau, der vornehmlich die Schwerindustrien Eisen und Stahl anzog, führte zu einer hohen Siedlungsdichte. Seit einigen Jahrzehnten vollziehen die einstmals prosperierenden Regionen der Montanindustrie einen Wandel. Veränderte Wirtschaftsprozesse, zunehmende globale Wirtschaftsverflechtungen, Umweltschutzbewusstsein, erhöhte Ansprüche an den Lebensstandard, Imageschaden und die teilweise Abwanderung der Bevölkerung sind einige der Gesichtspunkte, die nach Innovationen riefen, um negative Entwicklungsprozesse in eine positive Richtung zu lenken.

Von den Kommunen wurden große Anstrengungen zu einer Diversifizierung in den bislang monostrukturierten Räumen unternommen. Neue Industriezweige wurden angesiedelt und neue Erwerbsmöglichkeiten in Bereichen außerhalb der Montanindustrie geschaffen. So förderte man die Ansiedlung von Dienstleistungsbetrieben, von Forschungs- und Entwicklungseinrichtungen, von Gewerbeparks mit hoch diversifizierter Branchenstruktur sowie von Einkaufszentren oder Freizeit- und Sportanlagen. Mancherorts blieben alte Industrieeinrichtungen auch als Industriedenkmäler erhalten und sind heute Attraktionen für den Fremdenverkehr. So wurden im Laufe der Zeit aus den Altindustrierevieren Dienstleistungsregionen.

M 1: *Grenzraum Saarland-Lothringen: Standorte der Fahrzeugindustrie*

Im Saarland ging die Beschäftigtenzahl in der Montanindustrie von knapp 98000 (Anfang der 1960er-Jahre) auf 19000 (2003) zurück. Im gleichen Zeitraum stieg die Zahl der Beschäftigten, die in der Fahrzeugindustrie tätig sind, von weniger als 1000 auf 25000 an. Insgesamt sind mehr als 40000 Arbeitsplätze vom Automobilbau abhängig, der damit zum wichtigsten Arbeitgeber geworden ist. Die meisten dieser Betriebe sind Zweigwerke. Die Fahrzeugmontage erfolgt teilweise und die Produktentwicklung gänzlich außerhalb der Region.

Im östlichen Saarland vollzieht sich seit mehr als zwei Jahrzehnten ein tief greifender Strukturwandel. Als Folge der Kohlekrise wurden sämtliche Gruben im Raum Neunkirchen in kurzer Folge geschlossen, was im Verbund mit Rationalisierungen im Neunkirchner Eisenwerk zwischen 1962 und 1968 den Verlust von rund 10000 Arbeitsplätzen bedeutete. Bis in die Mitte der 1980er-Jahre erfolgte dann die sukzessive Schließung des Neunkirchner Hüttenwerks bis auf die Walzstraße. Mittlerweile entwickelte sich die einstmals von der Schwerindustrie geprägte Kreisstadt Neunkirchen zu einer von Dienstleistungen dominierten Stadt: 1991 eröffnete dort das Saarpark-Center als erste Shopping Mall des Saarlandes. Damit ist der Landeshauptstadt Saarbrücken hinsichtlich der Qualität als Einkaufsstandort eine ernst zu nehmende Konkurrenz erwachsen. Wesentliche Elemente der städtebaulichen Erneuerung waren eine Erweiterung der Innenstadt und die Reaktivierung aufgelassener Industrieflächen, insbesondere jener der Eisenhütte, die nicht wie in Völklingen als UNESCO-Weltkulturerbe erhalten, sondern bis auf wenige Reste abgerissen wurde.

In der monostrukturierten Wirtschaft des Ruhrgebiets nahm der Anteil der einheimischen Kohle an der Energieversorgung kontinuierlich zugunsten importierter Kohle ab. Zwischen 1958 und 1964 wurden 27 Zechen stillgelegt, wodurch 53000 Arbeitsplätze entfielen. Ersatz wurde Jahrzehnte später unter anderem durch Einkaufszentren geschaffen, die heute selbst Kunden aus den Niederlanden und Belgien anziehen (z.B. CentrO Oberhausen). Doch wie viel Konsumtempel verträgt eine Region mit hoher Arbeitslosigkeit? Um die Kernzone ökologisch aufzuwerten, entwarf und verwirklichte der damalige Kommunalverband Ruhrgebiet ein Konzept zur Erhaltung und Schaffung regionaler Grünzüge. Zur Zeit dieser „Internationalen Bauausstellung (IBA) Emscher Park“ wurden in den 1990er-Jahren auch der öffentliche Personennahverkehr ausgebaut und ein dichtes Autobahnnetz geschaffen. Hochschulen wurden zusammen mit Forschungsinstituten und Technologiezentren zu wichtigen Impulsgebern für die technologische Entwicklung.

Das Ruhrgebiet erfindet sich noch immer neu: 2010 wird Essen europäische Kulturhauptstadt. Die Außenwahrnehmung und das Selbstverständnis der Region ändern sich dadurch langsam von den Stichwörtern Arbeit, Staub und Ruß zu Kultur, Einkauf und Freizeit. Alte Gebäude und ehemalige Industriegelände wurden und werden umgestaltet. Sie bleiben der Nachwelt erhalten, sei es ein stillgelegte Hüttenwerk in Duisburg („Landschaftspark Nord“), die 2001 zum UNESCO-Weltkulturerbe erklärte Essener Zeche Zollverein oder der für Konzerte und Ausstellungen umgebaute Gasometer in Oberhausen. Nicht mehr benötigte Hafenanlagen wurden zu Restaurants, Museen, Bürogebäuden und Wohnungen umgestaltet, so im Duisburger Innenhafen.

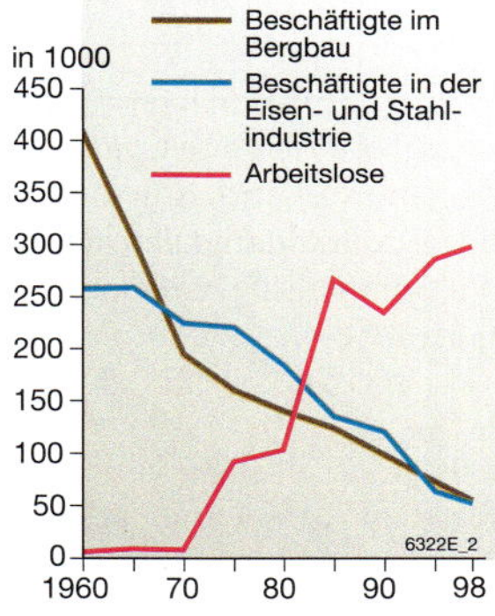

M 2: *Beschäftigte im Montanbereichs des Ruhrgebietes*

Früher hat das Ruhrgebiet für ganz Deutschland gearbeitet. Heute muss Deutschland Arbeit ins Ruhrgebiet bringen. Mag sie ungewohnt, neu, vielschichtig sein, die Menschen hier sind vorbereitet.

Bundespräsident Karl Carstens am 27.5.1983 in Essen

Altes nicht einstampfen, sondern durch Kultur neu beleben.

Jens Hapke, Sprecher des Regionalverbands Ruhr (RVR)

1. *Bewerten Sie, inwieweit Merkmale altindustrialisierter Räume aus heutiger Sicht Probleme darstellen.*
2. *Stellen Sie den Wandel des Ruhrgebiets dem des Saarlandes gegenüber.*

4.2.1 Fallstudie: CentrO Oberhausen

Das Ruhrgebiet bemüht sich um Nachfolgeindustrien. Ein Weg sind dabei Einkaufszentren und Freizeitangebote wie das CentrO in Oberhausen.

Kaum eine Industrieregion im Westen Deutschlands hat in den letzten Jahrzehnten einen solchen Strukturwandel erlebt wie das Ruhrgebiet. Das Beispiel Oberhausen zeigt, wie sich ein solcher Wandel vollziehen kann, wie vielschichtig und tiefgreifend die Veränderungen nach Kohle und Stahl sind, aber auch, mit welcher Geschwindigkeit sie ablaufen. In Oberhausen war Eile geboten, nachdem seit den 1970er-Jahren bei einer Einwohnerzahl von rund 220 000 fast 50 000 Arbeitsplätze und ganze Industriezweige verloren gegangen waren. Als noch keine Stadt daran dachte, neue wirtschaftliche Wege zu gehen, hat man sich in Oberhausen für die Mischung von Tourismus, Technologie und Dienstleistung entschieden. Gesucht war die Mischung von Zukunftsträchtigem und Geprägtem, was die Erinnerung an die Epoche der Industrie erhalten würde. An die Stelle der seit 1968 geschlossenen Steinkohlezechen und Stahlwerke trat eine Verknüpfung von Shopping und Freizeit, eine Shopping Mall nach US-amerikanischem Vorbild, das 1996 eröffnete CentrO. Der große und anhaltende Erfolg des CentrO regte Nachbargemeinden an, selbst initiativ zu werden oder eigene Pläne aufgrund der übergroßen Konkurrenz fallen zu lassen.

	1981	1991	2001
Primärer Sektor	5 612	4 432	1 000
Sekundärer Sektor	37 290	27 088	17 874
Tertiärer Sektor	28 792	35 041	41 998

M 1: *Die Beschäftigten in den Wirtschaftssektoren in Oberhausen*

Soll doch jede Kommune im Revier ihr eigenes Profil ausbilden. Büro-Stadt, Stadt im Grünen, Wasser-Stadt, Sport-Stadt oder eben Einkaufs-Stadt.

Westdeutsche Allgemeine Zeitung am 7.5.2001

Mit der Errichtung des CentrO gelang eine viel beachtete Neuansiedlung auf einer großindustriellen Brachfläche. Die Bus- und Straßenbahnhaltestelle direkt vor der Tür sowie kostenfreies Parken regen an, witterungsunabhängig einzukaufen und in Restaurants zu verweilen. Währenddessen können sich die Kinder auf einer groß dimensionierten Freizeitfläche austoben. Fünf Millionen Menschen erreichen das CentrO in nur einer halben Stunde, 60 Millionen leben im Umkreis von 250 Kilometern. Es wirkt als Magnet bis nach Belgien und in die Niederlande hinein. Heute präsentiert sich das CentrO mit über 200 Geschäften

M 2: *CentrO Oberhausen*

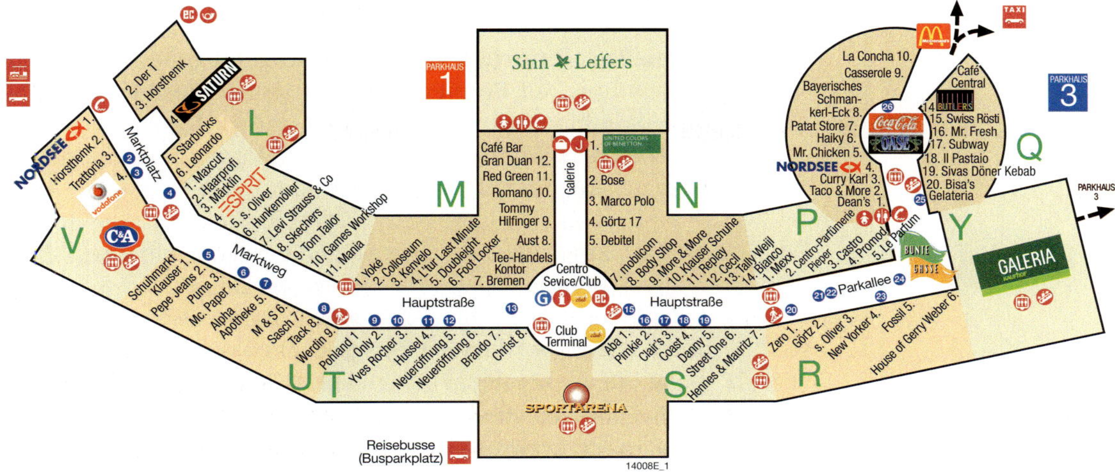

M 3: *Funktionelle Nutzung des Erdgeschosses der Shopping Mall im CentrO Oberhausen*

und 14 000 Parkplätzen mit einem Konzept der kurzen Wege. Täglich wird es von rund 70 000 Besuchern frequentiert. In der Coca-Cola-Oase konzentrieren sich drinnen über 20 Fast-Food-Anbieter mit zusammen 1 300 Sitzplätzen. Draußen wird das gastronomische Angebot mit rund 20 Restaurants und Kneipen entlang der 400 Meter langen Promenade vervollständigt. Ergänzt wird der Kernbereich durch Freizeitangebote: ein Multiplex-Kino mit neun Sälen, eine Mehrzweckhalle für Sportveranstaltungen und Konzerte mit über 11 000 Sitzplätzen, ein Musicaltheater mit fast 2 000 Sitzplätzen, ein Aquarium der Kette SeaLife sowie der Gasometer als alles überragende Landmarke und Raum für besondere Ausstellungen.

Das CentrO blieb aber – trotz der Bemühungen, Bewährtes zu bewahren – vielen der Alteingesessenen fremd, obwohl es in direkter Nachbarschaft liegt. Schon immer hatte es im Ruhrgebiet und damit auch in Oberhausen stets die Polarität von Urbanität und ländlichem Leben gegeben. Bergleute, die lange Zeit mit Haustieren hinter dem Haus lebten, haben sich nie als eigentliche Städter gefühlt. Der Abschied von der Montanindustrie verlangte vor allem von den alteingesessenen Bürgern, sich auf radikal veränderte Raumstrukturen, neue Wirtschaftsbereiche, neue Architektur und andere Menschen einstellen zu müssen.

1. Nehmen Sie Stellung zu den Dimensionen und Zukunftschancen des CentrO in Oberhausen.

2. Fassen Sie die Kritikpunkte von 1993 zu Shopping Malls zusammen (M 4). Diskutieren Sie sie aus heutiger Sicht.

Woran immer sich unsere Vorstellungen des Städtischen schulten: an der Freiheit, der Öffentlichkeit, der Anonymität, dem Risiko, der Differenz, auch an der strukturellen und leiblichen Gefahr, die zum Leben in den großen Städten gehörte – sie alle liegen im Klärschlamm, der durch die Mall in die Museen und Bücher über die Kulturgeschichte der Stadt fließt. Allen Anpreisungen ihrer Urbanität zum Trotz ist die Shopping-Mall deren Vernichtung. Sie entsorgt sinnlos gewordene Bedeutungen der Urbanität. In der Mall ist das städtische Leben stillgestellt zum Marionettentanz der Konsumenten. Unterm Dach aus Glas (…) und hinter den vollklimatisierten Eingangstüren kehrt die verlorene Stadt wieder als Kulisse, geschützt vor Wind, Regen, Schnee und dem Leben der Bewohner.

M 4: Quellentext über Shopping Malls

Zohlen, G.: *Eine Erlebnisumgebung mit kontrollierter Temperatur. DIE ZEIT 36 / 1993*

4.2.2 Fallstudie: ChemiePark Bitterfeld Wolfen

Der ChemiePark Bitterfeld Wolfen gilt als gelungenes Beispiel für die Überwindung der Probleme mit „Altlasten" aus der DDR: Das ehemalige Kombinat wurde umgestaltet und die Umweltbelastung deutlich reduziert. Mit der Ansiedlung moderner Betriebe konnte das Image der Region aufgewertet werden.

Der ChemiePark Bitterfeld in Sachsen-Anhalt ist aus den ehemaligen DDR-Kombinaten Bitterfeld und Wolfen hervorgegangen. Wirtschaftlich wurde die Region seit 150 Jahren durch den Braunkohlentagebau und seit 100 Jahren durch die Chemieindustrie geprägt. Vier Großkombinate der DDR – das Chemiekombinat Bitterfeld, das Fotochemische Kombinat Wolfen, das Braunkohlenkombinat Bitterfeld und der Großbetrieb Industrie- und Kraftwerksrohrleitungen – produzierten Anfang der 1970er-Jahre mit über 50 000 Arbeitskräften. Kurz vor der deutschen Wiedervereinigung erwirtschaftete die Chemie ein Fünftel der gesamten Industrieproduktion. Daran hatte das Chemiedreieck mit den Kombinaten Buna, Bitterfeld, Wolfen und Leuna einen Anteil von fast 40 Prozent.

Nach 1990 sank das Interesse an Braunkohle. Der Tagebau verlagerte sich nach Osten, wurde aber auch dort zurückgefahren. Aufgelassene Tagebaurestlöcher wurden geflutet und zu sportlich nutzbaren Freizeitoasen umgestaltet (der Goitzschesee ist heute Sachsen-Anhalts größter See). Mit dem Ende der DDR war der osteuropäische Markt als Hauptstandbein verloren gegangen. Im Westen mussten neue Märkte erschlossen werden.

So setzte in Bitterfeld nach 1990 eine völlig neue Entwicklung ein. Als erstes mussten die erheblichen Umweltschäden beseitigt werden. Zu Zeiten der DDR wurden Abwässer teilweise ungeklärt in den Fluss Mulde geleitet. Der Bezirk Halle mit den Chemiestandorten Bitterfeld-Wolfen, Schkopau und Leuna verursachte 30 Prozent der Luftverschmutzung und Gewässerbelastung und hatte einen Anteil von 50 Prozent an den toxischen Schadstoffen des Landes. Zwar verabschiedete die Volkskammer 1970 ein Landeskulturgesetz, das die Umweltschutzfragen regelte. Da jedoch das Geld fehlte, wurden die Gesetze oft unterlaufen. Die Erfüllung des Wirtschaftsplans ging vor und damit die extensive Produktionsweise.

M 1: *ChemiePark Bitterfeld Wolfen*

Wirkliche Erfolge wurden um 1975 bei der Luftverbesserung erreicht, als dank des neuen Erdgaskraftwerkes die Schwefeldioxidemission und die Staubbelastung nennenswert gesenkt werden konnten. Verseuchte Böden wurden ausgekoffert und der Grundwasserbereich abgedichtet. 2008 ist lediglich noch die Reinigung dieses Bereiches abzuschließen.

Bitterfeld ist es so gelungen, sich vom Image der schmutzigsten Stadt zu befreien und sich nicht zuletzt dank staatlicher Beihilfen zu einer modernen Stadt zu mausern. Um die Planungen besser koordinieren zu können und den Wirtschaftsstandort zu stärken, wurde Bitterfeld 2007 mit Nachbargemeinden zur Stadt Bitterfeld-Wolfen vereint, die nun die viertgrößte Einwohnerzahl Sachsen-Anhalts aufweist. Heute hat die Chemiebranche nach dem Ernährungsgewerbe den zweitgrößten Anteil am verarbeitenden Gewerbe in Sachsen-Anhalt. 1997 hat der ChemiePark mit dem Industriepark Wolfen-Thalheim das Kombinat Wolfen übernommen, sichtbar im Namen „ChemiePark Bitterfeld Wolfen". Es haben sich 360 Firmen auf dem mittlerweile 1200 ha großen Gelände angesiedelt. Die Region hat Zukunft, auch wenn die Betriebsansiedlungen die im Rahmen der Stilllegungen entlassenen Arbeitskräfte nur begrenzt auffangen können (11000 von ehemals 18000). Alteingesessene Betriebe haben rationalisiert und damit Arbeitsplätze abgebaut. Moderne Betriebe wie Bayer Bitterfeld schaffen sehr teure Arbeitsplätze mit weitreichend automatisierten Arbeitsprozessen.

	1989	2002	2006
Anzahl der Betriebe	2	350	> 360
– Produktions-betriebe	2	50	66
– Dienstleistungs-betriebe	0	50	ca. 300
Beschäftigte	32000	10000	ca. 11000

M 2: *Strukturwandel in Bitterfeld Wolfen*

Das alte Chemiedreieck besteht also fort, auch wenn die Bindung nur locker ist, bedingt durch unterschiedliche Eigentümer und Produktionsprozesse. In Bitterfeld ist die Chlorchemie der Produktionsschwerpunkt geblieben. Der ChemiePark Bitterfeld Wolfen ist eines der wirtschaftlichen Standbeine Sachsen-Anhalts. 2001 mit 19 Mitarbeitern gestartet, waren dort 2007 bereits mehr als 1600 Mitarbeiter beschäftigt. Die Produktionsstätte des Solarzellenproduzenten Q-Cell erstreckt sich über dieses Areal hinaus bis in den Technologiepark Thalheim, wo nochmals 800 Arbeitsplätze besetzt sind. Bis 2010 wollen Q-Cell und andere Solarbetriebe im Bereich des ChemiePark Bitterfeld Wolfen weitere 5000 Arbeitsplätze schaffen und bis 2020 rund eine Mrd. Euro investieren.

Noch werden 150 ha Freifläche dem Gewerbe zu günstigen Bodenpreisen angeboten. Ansonsten hat der Chemiepark weitgehend seine endgültige Gestalt erhalten. Dazu wurden unter anderem schadhafte Rohrleitungen durch ein 20 km langes Rohrbrückennetz ersetzt und ein neues, 80 km langes Schienennetz verlegt. Außerdem wurden Zufahrten geschaffen, das Trinkwasser- und Brauchwassernetz einschließlich der Löschwasserversorgung neu gestaltet und das Elektroenergienetz ausgebaut. Hinzu kamen eine Kläranlage und mehr als 50 ha Grünflächen. 440 technische Anlagen und Gebäude wurden abgerissen. Insgesamt wurden mehr als 3,5 Mrd. Euro investiert. Der Erweiterung des Geländes sind Grenzen gesetzt, denn Chemiebetriebe müssen einen größeren Abstand zur Besiedlung einhalten als andere Produktionszweige.

Die positive Entwicklung ist erstaunlich, da die Region monostrukturiert auf die Chemie ausgerichtet war, mit einer katastrophalen Umweltsituation zu kämpfen hatte, die Kombinate nach 1990 international nicht mehr wettbewerbsfähig, die Infrastruktur marode und der Maschinenpark veraltet waren. Mit der Privatisierung des 1 040 ha umfassenden Areals durch die Preiss-Daimler Gruppe im Jahr 2001 gelang die Transformation von der Plan- zur Marktwirtschaft. Der neue Eigentümer veränderte die Strukturen und gewann neben Chemiebetrieben auch Unternehmen, die nicht zwingend auf eine direkte Produktion im Chemiebereich fokussiert waren und die sich als Zulieferer anboten. Die raschen Neuansiedlungen sind auch den Behörden zu verdanken, welche die Genehmigungsverfahren beschleunigt bearbeiteten oder die Wünsche der Investoren erfüllten.

M 1: Quellentext zu den ökologischen Altlasten von Bitterfeld

Winter, S.: Altlasten: Chemischer Zoo. Der Spiegel 23.12.2005

Die Sonne spiegelt sich auf der 25 Quadratkilometer großen Wasserfläche des Stausees „Goitzsche", sanft schlagen die Wellen an die Kaimauer. Gerade wurde die neue Marina eingeweiht, es folgt ein Sportboothafen. (...) In Bitterfeld, einst „dreckigste Stadt Europas", kann man nun segeln, surfen und planschen. Möglichst nichts soll hier erinnern an vergangene Tage, als die DDR-Giftküche noch brodelte, die Luft zum Schneiden war und die Abfälle der Chemieproduktion diskret in den Kohlengruben der Umgebung verschwanden. Die Zukunft hält endlich Einzug im einstigen Vorhof der Hölle – die Zukunft, das sind Touristen.

Nur: Die Vergangenheit lässt sich nicht so einfach fluten, und so taucht sie in Bitterfeld mitunter ganz plötzlich wieder auf. Etwa als das Umweltbundesamt turnusgemäß Fische aus Elbe und Mulde angelte, die so nachhaltig mit Schadstoffen belastet waren, dass im August eine Warnung vor dem Verzehr der Tiere herausgegeben werden musste. (...) Nun rächt sich, dass die enormen Altlasten der Stadt aus finanziellen Gründen oft nur halbherzig beseitigt wurden. Experten aus dem In- und Ausland hatten unablässig die Sanierung der Giftkippen angemahnt und vor den Folgen eines Hochwassers gewarnt. (...) Dann kam die Jahrhundertflut 2002 – und spülte die Altlasten davon. Die HCH-Werte in den vom Umweltbundesamt gefangenen Brassen lagen bis zu 18fach über den Grenzwerten, es waren die höchsten je in Deutschland gemessenen Belastungen bei Süßwasserfischen. (...)

Eine Altlast im Einzugsgebiet der Mulde steht unter Verdacht: In Bitterfeld liegt die Deponie „Antonie", eine ehemalige Kohlengrube. Das 20 bis 25 Meter tiefe Restloch, das laut diverser Gutachten „über keinerlei natürliche oder technische Basis- oder Seitenabdichtung" verfügt, wurde mit Gift aller Art befüllt. 76 000 Tonnen HCH-Abfälle liegen darin – im unteren Teil der Grube steht das Grundwasser. (...) Da die Gifte bis heute in das Grundwasser suppen, überlegten Experten, wie die Kippe saniert werden kann. Die Kosten dafür werden auf 600 Millionen bis 2 Milliarden Euro geschätzt – Gutachter stuften das als „unverhältnismäßig" ein.

Als Giftquelle kommt noch ein weiteres Gebiet in Frage: die Spittelwasserniederung nahe Bitterfeld. Bei einer ersten Bestandsaufnahme 1991 verschlug es den Wissenschaftlern den Atem. In Proben des Sediments, staunten Experten bei der 1. Bitterfelder Umweltkonferenz, sei „ein ganzer chemischer Zoo von über 200 verschiedenen potenziellen Schadstoffen" gefunden worden. 20 000 Kubikmeter Schlick in der Aue gelten seither als extrem kontaminiert, drei Kilometer Flusslauf müssten abgetragen oder versiegelt werden.

1. *Benennen Sie die Umweltschutzmaßnahmen in Bitterfeld Wolfen seit 1970.*
2. *Bewerten Sie den Strukturwandel in der Region aus der Sicht von interessierten Investoren.*
3. *Erörtern Sie die Chancen, die Region als Ziel für Touristen zu etablieren. Beachten Sie dabei auch benachbarte Regionen.*

5 Deutschland und die Welt

„Made in Germany" galt international lange als Garant für eine überzeugende Warenqualität. Doch was macht heute einen deutschen Betrieb aus, der seine Produkte global vertreibt? Die großen Global Players wie Daimler, Volkswagen oder Siemens belassen oft nur noch ihre Zentralen und Teile der Produktionsstätten im Inland – von „Made in Germany" kann nicht mehr unbedingt die Rede sein. Aufgrund ihrer erdballumspannenden Orientierung gehören in Deutschland beheimatete Konzerne zur Weltspitze. Sie tragen dazu bei, dass das Land neben China, den USA und Japan bei den Exportnationen einen führenden Rang einnimmt.

5.1 Exportnation Deutschland

Bei den bedeutenden Exportnationen ist Deutschland seit langem in der Spitzengruppe zu finden. Die Globalisierung fordert jedoch ihren Tribut: Neue Branchen, Dienstleistungen und Innovationen werden immer wichtiger, um die Position halten zu können.

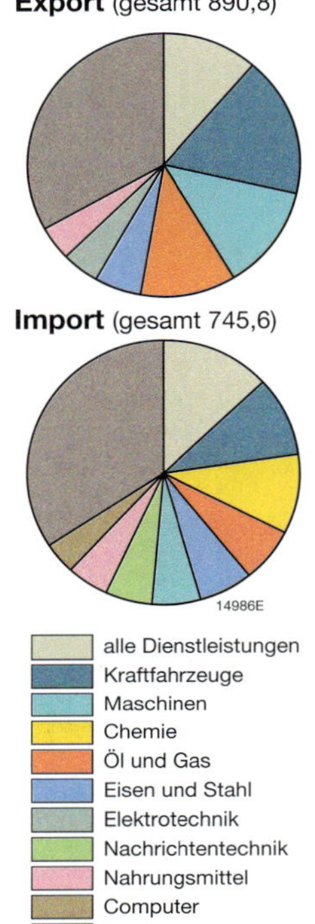

M 1: *Deutschlands Exporte und Importe nach Waren und Dienstleistungen (2005, Mrd. €)*

Die Bundesrepublik Deutschland hat eine lange Tradition als Exportnation. Traditionell erwirtschafteten die Ausfuhren einen Überschuss. Nur zu Beginn ihrer Geschichte, in den Jahren 1950 und 1951, gab es einen Überhang an Importen. Dies hat eine Ursache in der zentralen Lage in Mitteleuropa, die im Vergleich zu anderen führenden Exportnationen wie den USA, China oder Japan einen einmaligen Status bietet: Deutschland hat direkte Grenzen zu zehn Staaten, also potenziellen Handelspartnern. Doch im Zeitalter der Globalisierung geht der Großteil der Ausfuhren schon längst nicht mehr in die Nachbarstaaten. Bedeutender für den Außenhandel ist vielmehr die Mitgliedschaft in der Europäischen Union, die zahlreiche zuvor bestehende Handelshemmnisse abgebaut hat.

Beim deutschen Export dominieren Automobilbau, Maschinenbau und Chemieindustrie; 1995 bis 2005 stammte bereits ein Drittel des Exportwertes aus diesen drei Bereichen. Mit den zusätzlichen Branchen Eisen und Stahl, Nahrungsmittel, Elektrotechnik sowie Nachrichtentechnik wird rund die Hälfte des deutschen Exports bestritten. Vergleichsweise gering sind die Exportanteile bei den Dienstleistungen, bei denen unternehmensbezogene Dienstleistungen den wesentlichen Anteil ausmachen. Das Beispiel des Automobilbaus verdeutlicht, wie gering dort letztendlich der direkt produzierende Bereich ist: 2005 waren rund 1,4 Mio. Menschen der Branche im exportabhängigen Bereich tätig. Davon waren lediglich 508 000, also weniger als die Hälfte, in der Produktion tätig. Den größten Anteil hatten mit 590 000 Beschäftigten die Dienstleister, hinzu kamen 274 000 Personen im Zuliefererbereich. Insgesamt hängt jeder vierte deutsche Arbeitsplatz direkt oder indirekt vom Export ab. Mitte der 1990er-Jahre war erst jeder siebte Arbeitsplatz so eng mit dem Export verzahnt. Daher ist es verständlich, wenn die deutsche Öffentlichkeit sensibel darauf reagiert, ob und wann Deutschland seinen Titel als Weltmeister beim Export von Waren an China abtreten wird.

Der Exportüberschuss bleibt derweil groß. Im August 2007 stiegen die deutschen Exporte beispielsweise um 12,4 Prozent gegenüber dem Vorjahr. Der Wert der importierten Waren kletterte im gleichen Zeitraum lediglich um 5,5 Prozent. Diese Entwicklung entspricht dem Exportbasisansatz: Die Nachfrage im Exportland wird erhöht, damit wird der eigene

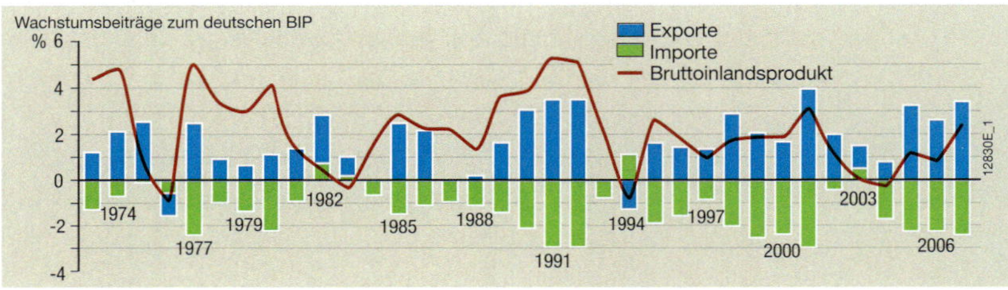

M 2: *Wachstumsmotor Außenwirtschaft*

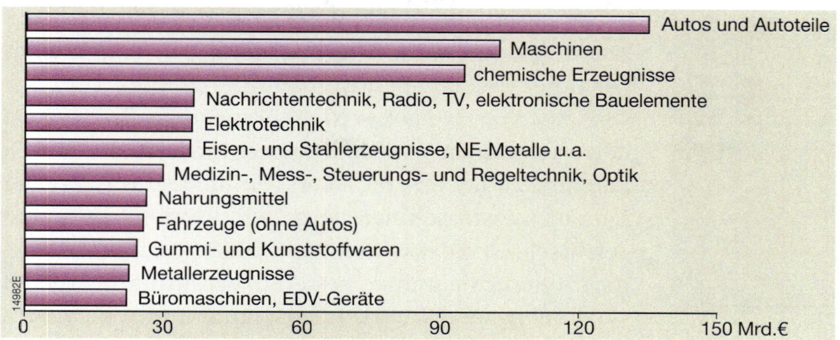

M 3: *Deutsche Exportschlager*

Absatz gesteigert und die Produktion erweitert. Je größer die Zahl der Konsumenten, je höher die im Ausland verbleibenden Einkommen und je geringer die Ausgaben für Importe sind, desto höher ist der Gewinn. Direktinvestitionen multinationaler Unternehmen in Produktionsstätten im Ausland haben seit 1970 Zuwachsraten im Welthandel erzielt, die deutlich über jenen der Industrieproduktion liegen.

Nach dem Exportbasismodell für zwei Regionen produziert Region 1 (agrarisch strukturiert, erst kürzlich besiedelt, wirtschaftlich noch wenig entwickelt) über den Eigenbedarf hinaus Agrarprodukte, die nach Region 2 (schon länger besiedelt, industrialisiert, höheres Einkommen) exportiert werden. Damit steigt das Einkommen in Region 1 und verringert sich wegen der Konkurrenzsituation zugleich das Einkommen in Region 2. In Region 1 steigt die Nachfrage nach Industrieprodukten, die im eigenen Land wegen der Wirtschaftsstruktur nicht befriedigt werden kann. Folglich importiert Region 1 aus Region 2. Damit steigt das Einkommen in Region 2 – und zwar schneller als der Erlösverlust durch weniger abgesetzte Agrarprodukte. Somit verzeichnen beide Regionen einen Einkommensanstieg, der dank des Konsums dem lokalen Markt zugute kommt. Die entscheidende Bestimmungsgröße des regionalen Wirtschaftswachstums ist demnach die Exportnachfrage.

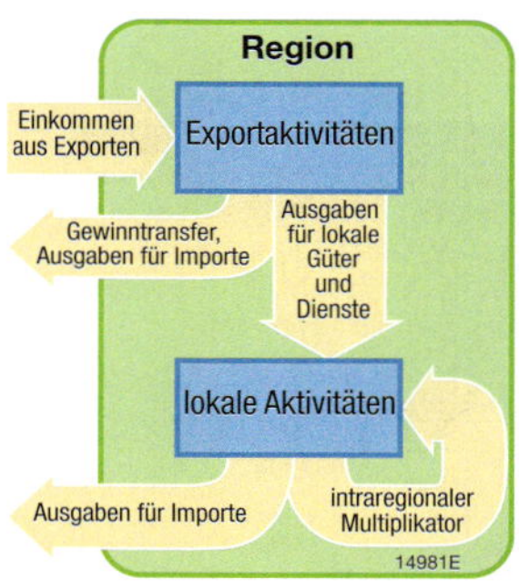

M 4: *Einkommenskreislauf nach dem Exportbasis-Modell*

Der Export forschungsintensiver Güter war in Deutschland über Jahre hinweg tatsächlich die entscheidende, meist einzige Antriebskraft für Wachstum in der Industrie. Fast drei Viertel des Umsatzzuwachses forschungsintensiver Industrie wurden im letzten Jahrzehnt im Ausland erzielt. (...) Deutschlands Stärken konzentrieren sich vor allem auf so genannte „Gehobene Gebrauchstechnologien" mit großer Breitenwirkung wie Automobile und -zubehör, Maschinen, Chemiewaren usw. Bei „Spitzentechnologiesektoren" (Elektronik, Informations- und Kommunikationstechnik, Nachrichtentechnik, Pharmazie, Waffen), in denen besonders viel Aufwand an Forschung und Entwicklung betrieben wird, ist Deutschland hingegen nicht so gut positioniert. (...) Dass der Beitrag forschungsintensiver Waren zum deutschen Außenhandelsüberschuss klar zurückgegangen ist, belegt das zunehmende Durchsetzungsvermögen ausländischer Anbieter auf dem deutschen Markt. (...) Dabei handelt es sich nicht nur um Anbieter aus hoch entwickelten westlichen Industrieländern, sondern zunehmend auch um Produzenten aus aufholenden Schwellenländern Asiens sowie aus Mittel- und Osteuropa. Ein Blick auf die Exportleistungsfähigkeit der deutschen Industrie allein würde somit ein verfälschtes Bild zeigen.

M 5: Quellentext zur Ausrichtung der deutschen Exportwirtschaft

Gehrke, B.: Wissensintensive Wirtschaft in Deutschland unter Importdruck geraten! Niw-Info 4/2007

1. *Geben Sie einen Überblick zur Bedeutung des Exports für Deutschland.*
2. *Erklären Sie das Exportbasismodell für zwei Regionen in eigenen Worten.*

Land	Waren-exporte	Dienst-leistungs-exporte	Exporte ins-gesamt
USA	904	353	1258
Deutschland	971	143	1114
China	762	81	843
Japan	596	107	702
Frankreich	459	114	573
Großbritannien	378	183	561
Niederlande	401	75	476
Italien	367	93	460
Kanada	360	51	410
Belgien	330	53	383
Hongkong	292	60	353
Südkorea	285	44	328
Spanien	186	91	277
Singapur	230	45	275
Österreich	123	54	177

M 1: *Die größten Exportländer 2005 (in Mrd. US-$)*

Nicht nur die bekannten großen deutschen Konzerne sind weltweit tätig und damit Globalisierungsgewinner: Auch viele Familienunternehmen zum Beispiel der Werkzeugmaschinenbranche profitieren von den wachsenden Warenströmen in industrielle Schwellenländer. Egal, ob dort Autos, Container, Wasch- oder Verpackungsmaschinen hergestellt werden, sie benötigen Blech. Und das wird in Deutschland von Werkzeugmaschinen mit immer besseren Verfahren bearbeitet – ein Beispiel dafür, dass Forschung und Spezialfertigungen am deutschen Stammsitz eines Unternehmers stattfinden.

Ein weiteres für den Export relevantes Beispiel ist die deutsche Textilbranche, deren Struktur sich in den letzten Jahrzehnten radikal den globalisierten Bedingungen angepasst hat. Weltweit können sechs verschiedene Stadien der Textilindustrie unterschieden werden:

1. Die in Handarbeit hergestellte Ware wird aus selbst produzierten oder eingeführten Rohmaterialien gefertigt und ist für den lokalen Markt bestimmt. Auf diesem Stand ist etwa Mosambik.

2. El Salvador ist ein Beispiel für ein Land, das ebenfalls einfache, aber bereits standardisierte Textilien anbietet, die exportiert werden.

3. Die Standardisierung ist fortgeschritten und schließt synthetische Rohstoffe ein. Produziert wird Massenware, die auf den Export ausgerichtet ist – so wie es in China der Fall ist.

4. Die Stellung der billigen Massenproduktion ist bei erhöhter Qualität stabil. Ein Land, das auf diese Weise Textilien herstellt ist Südkorea.

5. Es werden alle Arten und Qualitäten von Textilien hergestellt. Durch Rationalisierung werden mehr Maschinen eingesetzt und weniger Menschen beschäftigt. Hier sind die USA platziert.

6. Deutschland besetzt die letzte Stufe, auf der nur noch hochspezialisierte Textilien aus dem eigenen Land kommen, während die restliche Textilindustrie in andere Länder ausgelagert ist.

Das Problem der deutschen Textilindustrie ist die Produktion konkurrenzlos preisgünstiger Massenware im Ausland. Wachstumschancen gibt

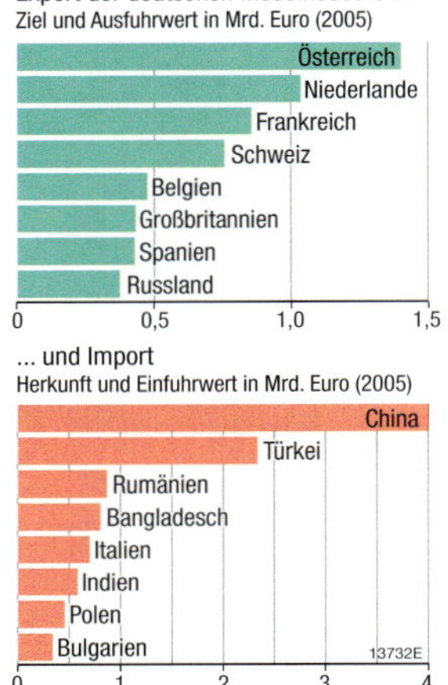

M 2: *Export und Import der deutschen Modeindustrie*

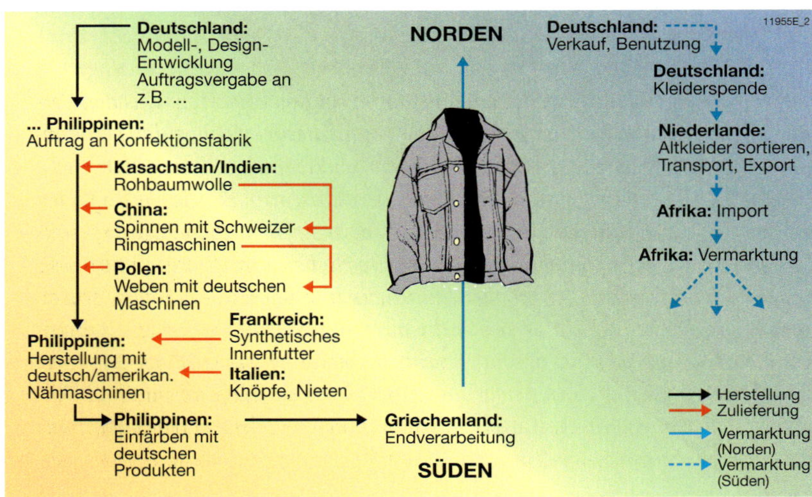

M 3: *Globalisierter Handel, globalisierte Produktion: Beispiel Steppjacke*

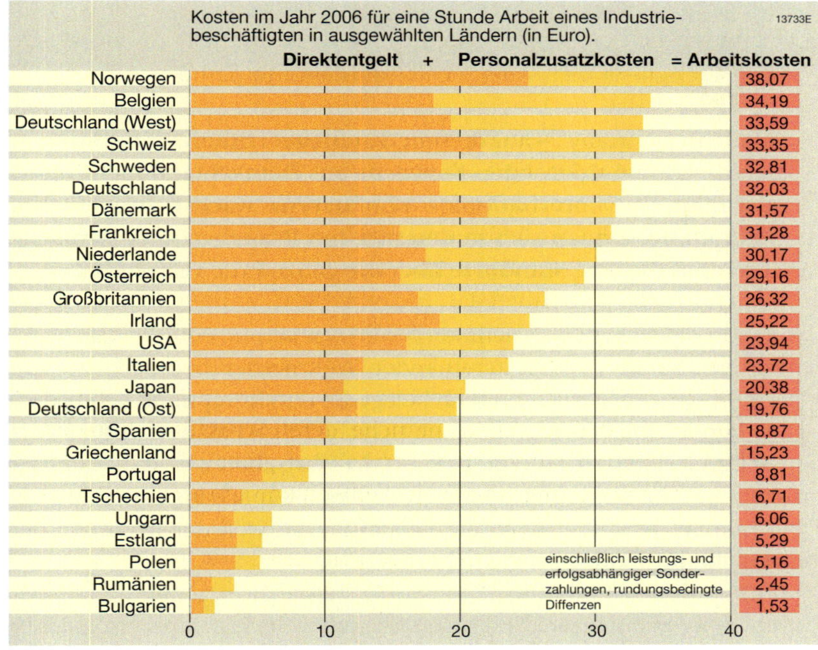

M 4: *Arbeitskosten im globalen Wettbewerb*

es deshalb nur noch bei den hochwertigen Textilien für das Ausland, da der einheimische Markt übersättigt ist. Aus dem Überangebot resultierende Rabattschlachten steigern zwar den Umsatz, nicht aber den Gewinn. Osteuropa gewinnt mit steigendem Lebensstandard und westlich orientierter Nachfrage an Bedeutung. Mittlerweile stellen Russland, Polen und die Tschechische Republik drei der zwölf wichtigsten Staaten, in die deutsche Produkte mit steigender Tendenz exportiert werden.

Niedriglöhne im Ausland sind in allen Branchen der Konkurrent der Deutschen in der Produktion von Massenware. Als zweiter Konkurrent hat sich in den letzten Jahren der eigene starke Euro entwickelt. Denn Ware, auf Dollarbasis abgerechnet, verbilligt sich für den Kunden im Ausland und schmälert den eigenen Gewinn. Die deutsche Automobilindustrie schaut zusätzlich auf das Verhältnis zum japanischen Yen. Ein schwacher Yen stützt den Export japanischer Autos und schwächt die deutsche Konkurrenz.

Deutschland ist ein hervorragender Standort. Das heißt aber nicht, dass die Firmen die Internationalisierung nicht weiter vorantreiben müssten. Wir müssen heute die Wertschöpfung dort betreiben, wo es wirtschaftlich sinnvoll ist. Die Produktion im Ausland ist weder ein Allheilmittel noch unpatriotisch.

Dieter Brucklacher, Präsident des Verbands Deutscher Maschinen- und Anlagenbau am 4.10.2007

Die Exporte bestehen mittlerweile zu über 40 Prozent aus Importen, was den Verkaufserfolg nicht schmälert, wohl aber die Wirkung dieses Erfolgs auf die Binnenwirtschaft. Ohne die günstig erstandenen Vorprodukte gäbe es weniger deutsche Exporte, dafür mehr deutsche Ladenhüter. Das Statistische Bundesamt hat den Sachverhalt so präzise untersucht wie kein Forschungsinstitut zuvor. Das Ergebnis fiel eindeutig aus: „Nach der vorliegenden Analyse hat sich im Zeitraum 1991 bis 2002 das Verhältnis zwischen der in den Exporten enthaltenen inländischen Bruttowertschöpfung und den importierten Vorleistungen stark zu Gunsten des Auslands verschoben. 1991 lag der Importanteil der deutschen Exporte noch bei 26,7 Prozent, stieg insbesondere zwischen 1995 und 2000 stark an und erreichte 38,8 Prozent im Jahr 2002.“ Wenn die deutschen Exporte boomen, profitieren davon noch immer die einfachen Arbeiter. Nur leben die einfachen Arbeiter diesmal anderswo.

M 5: Quellentext zum Importanteil der deutschen Exporte

Steingart, G.: Weltkrieg um Wohlstand. Wie Macht und Reichtum neu verteilt werden, 2006

5.2 Deutsche Unternehmen als Global Players

„Made in Germany" – auf diesem Gütesiegel früherer Tage können sich die global agierenden Konzerne aus Deutschland nicht mehr ausruhen. Die internationale Konkurrenz wächst zunehmend. Noch immer finden sich in den meisten Branchen aber deutsche Vertreter, die ihre Standorte über die ganze Erde verteilt haben.

Arten der internationalen Expansion

Waren-Exporte
Verkauf von im Inland hergestellten Gütern

Direktinvestitionen
Kapitalexporte von Unternehmen ins Ausland, um dort Betriebe oder Tochterunternehmen neu zu errichten oder bestehende Firmen (anteilig) aufzukaufen

Akquisition
(Teil-)Kauf eines bestehenden Unternehmens durch ein anderes, das dadurch in den Besitz von dessen Leistungselementen kommt und dessen Ressourceneinsatz bestimmt

Fusion
Vereinigung von zwei oder mehr Unternehmen zu einem einzigen, um dadurch die Konkurrenzfähigkeit zu verbessern, z. B. über die Erschließung neuer Märkte, Kostensenkungen, Rationalisierungseffekte (Einsparung von Arbeitskräften) und Synergien zu erzielen.

Der Export deutscher Unternehmen boomt seit Jahren, 2007 war Deutschland zum fünften Mal hintereinander Weltmeister beim Export von Waren. Doch binnenwirtschaftlich belegt die Bundesrepublik im europäischen Vergleich hintere Ränge. Eine Ursache ist im Finanztransfer in die neuen Bundesländer zu sehen, um dort die Wirtschaft wieder in Gang zu bringen und für den Export konkurrenzfähig zu machen. Eine führende Exportnation ist immer auch ein Global Player, weil der Export in der Regel nicht auf wenige Produkte begrenzt ist.

Multinationale und transnationale Konzerne, die sogenannten Global Players, agieren mit ihren Direktinvestitionen weltweit. Dabei erschließen und sichern sie Märkte und nutzen günstigere Produktionsbedingungen wie niedrige Löhne, Umweltschutzauflagen oder Energiekosten. Oft erfolgt die Aktivität im Zielland der Direktinvestitionen als Joint Ventures, wobei der ausländische Partner Kapital und Know-how bietet und der inländische Partner Kontakte, den Markt und die Arbeitskräfte stellt. Zumeist hat der inländische Partner nur einen Minderheitsanteil am Werk und muss hochrangigen ausländischen Mitarbeitern ein Mitspracherecht in der Führungsetage einräumen. Beschränkt sich die Produktion im Niedriglohnland auf eine einfache manuelle Teilfertigung, so werden diese Zweigwerke als verlängerte Werkbank innerhalb der Produktionskette bezeichnet. Derartige Werkbänke können schnell geschlossen und an anderer Stelle, zum Beispiel wegen der Lohnentwicklung, neu aufgebaut werden. Kernkompetenzen wie Forschung, Entwicklung, Vermarktung, Werbung und Design verbleiben am Hauptsitz des Konzerns.

Eine Umfrage des Deutschen Industrie- und Handelskammertages unter im Ausland engagierten deutschen Unternehmen ergab, dass für 95

M 1: *Autoproduktion von VW in Peking*

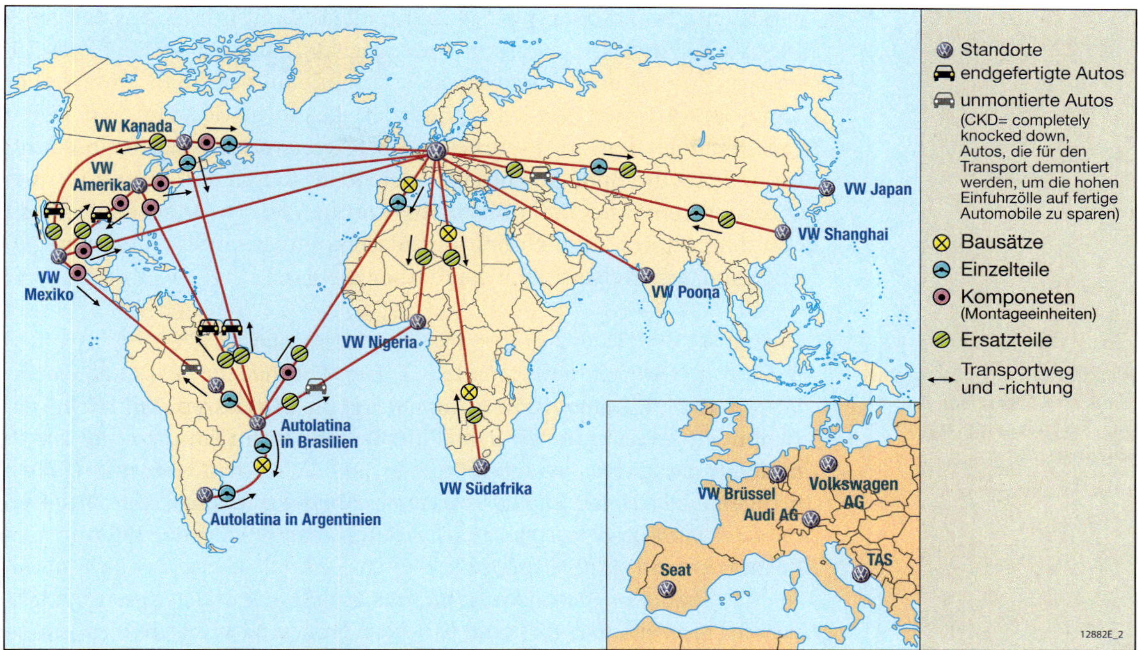

M 2: *Das transnationale Produktionsnetz von Volkswagen*

Prozent der Befragten die Erschließung eines neuen Marktes das Hauptmotiv ist. Fast ebenso wichtig sind die Wettbewerbssituation (84%) und der Wunsch des Kunden (81%). Weniger Bedeutung beim Auslandsengagement haben hingegen niedrige Personalkosten (60%), bessere staatliche Rahmenbedingungen (55%) oder bessere Verfügbarkeit von qualifiziertem Personal (55%). Die Untersuchung belegt auch, dass manche Erwartungen bei weitem nicht erfüllt werden. Während über drei Viertel tatsächlich neue Märkte erschließen und damit ihren Umsatz erhöhen konnten, konnte das Ziel, die Kosten zu reduzieren, nur von 38 Prozent realisiert werden. Nur jedes vierte Unternehmen, das auf bessere Rahmenbedingungen hoffte, fand diese tatsächlich vor.

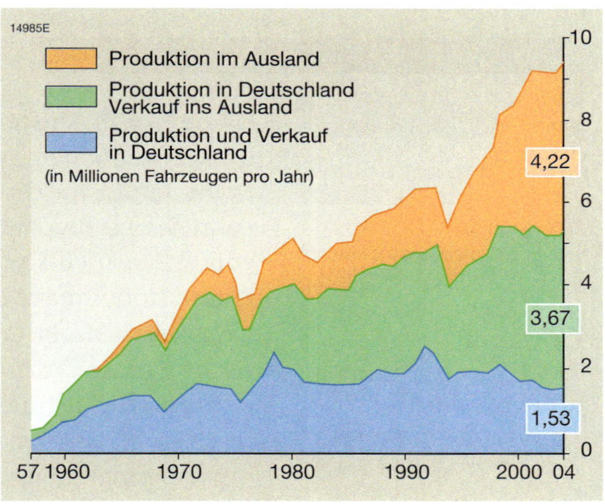

M 3: *Automobilproduktion deutscher Hersteller*

Push-Faktoren	Pull-Faktoren
Rohstoffe nicht verfügbar oder zu teuer	Rohstoffe kostengünstig verfügbar
Strategische Überlegungen der Internationalisierung	Hohe Marktpotenziale
Hohe Lohn(neben)kosten	Großes Arbeitskräfteangebot zu günstigen Lohnkosten
Hohe Steuern und Abgaben	Nähe zu wichtigen Forschungszentren
Hohe Umweltauflagen u.a. rechtliche Beschränkungen	Nähe zu Konkurrenten
	Steuervorteile und Investitionsanreize
	Politische Hemmnisse für Fertigwaren-Importe
	Keine/wenig Umweltauflagen u.a. rechtliche Beschränkungen

M 4: *Push- und Pullfaktoren von Betriebsverlagerungen ins Ausland*

In Deutschland boomt der Maschinenbau nicht nur wegen der generellen weltweiten Nachfrage, um Industrien aufzubauen oder den Maschinenpark zu erneuern. Deutsche Maschinenbauer können trotz hoher Löhne konkurrieren, weil der Aufdruck „Made in Germany" in vielen Branchen noch den Status eines Gütesiegels hat. 60 Prozent der 130 Mrd. Euro Umsatz der Branche wird im Ausland erwirtschaftet. Damit ist man führender Maschinenbauanbieter im Welthandel. Die meisten der etwa 6600 deutschen Unternehmen des Maschinenbaus sind mit unter 500 Mitarbeitern mittelständisch geprägt.

M 1: Quellentext zum Maschinenbau in Deutschland
Köhn, R.: Hochkonjunktur. Frankfurter Allgemeine Zeitung 1.4.2007

Der Maschinenbau hat Hochkonjunktur. Die Kapazitäten sind mit fast 92 Prozent so ausgelastet wie selten zuvor. Es kommt schon zu Engpässen. Ein Fünftel der Unternehmen bezeichnen ihre Produktionskapazitäten als nicht mehr ausreichend. Das hat auch positive Auswirkungen auf die Beschäftigung. Nach Jahren des Personalabbaus wurden 2006 wieder neue Stellen geschaffen; echte, sozialversicherungspflichtige Arbeitsplätze, keine Zeitarbeiter. Zum Ende 2006 waren im Maschinenbau 885 000 Menschen beschäftigt – 21 000 Mitarbeiter mehr als ein Jahr zuvor. In diesem Jahr sollen mindestens 10 000 Arbeitsplätze neu entstehen. Und noch mehr Positives gibt es zu berichten: Entgegen der allgemeinen Vermutung, verlagern die Unternehmen nicht nur Produktion ins Ausland. Wenn die Unternehmen expandieren, tun sie das gleichermaßen im In- wie im Ausland, ermittelte das Institut der deutschen Wirtschaft (IW).

Aufgrund der starken Nachfrage gerade in den Schwellenländern gibt es weltweit einen Stahlboom. Trotzdem ist die Rohstahlproduktion in Deutschland rückläufig, da die deutschen Stahlkocher den niedrigeren Löhnen und den zum Teil hohen staatlichen Subventionen in Ländern wie China nichts entgegenzusetzen haben. Dort wachsen inzwischen Produktionskapazitäten schneller als der Verbrauch, so dass China den weltweiten Markt mit Stahl überschwemmt. 2006 sind allein 30 chinesische Unternehmen in den Kreis der 80 größten Rohstahlproduzenten eingerückt. Aber auch anderswo – in Asien, in Amerika, Osteuropa und sogar in Nahost und Afrika – entstehen neue Kapazitäten. Deutsche Unternehmen können diesem Druck nur begegnen, in dem sie sich spezialisieren.

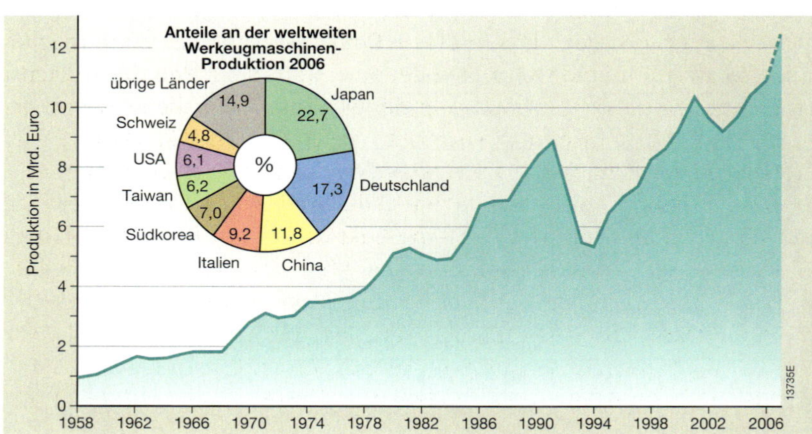

M 2: *Deutsche Produktion von Werkzeugmaschinen*

M 3: Quellentext zur deutschen Stahlindustrie

Sturbeck, W.: Klasse statt Masse. Frankfurter Allgemeine Zeitung 1.10.2007

Es sind vor allem die deutschen Stahlproduzenten, die sich intensiv damit befassen, dem uralten Werkstoff Stahl anspruchsvollere Eigenschaften zu verleihen. Alle neuen Stähle bergen großes Geschäftspotenzial und können helfen, in der stark wachsenden Weltbevölkerung mit den Ressourcen schonender umzugehen und durch eine intensivere Nutzung der Primärenergie die Klimaschäden einzuschränken. Die enormen Leistungsverbesserungen reichen von leichteren Fahrzeugkarosserien bis hin zur Windenergie. Die von Thyssen-Krupp geschaffenen, heute von vielen Flachstahlherstellern in der Welt produzierten Tailored Blanks – durch Laserschweißen zusammengefügte Fahrzeugbleche unterschiedlicher Dicke und Stahlsorten - haben beim Personenkraftwagen Gewichtseinsparungen von bis zu 25 Prozent möglich gemacht und gleichzeitig die Sicherheitsmerkmale wie Festigkeit und Verformbarkeit verbessert.

Salzgitter baut nun mit dem Düsseldorfer Hüttentechniker SMS eine Pilot-Bandgießanlage für den bisher sehr aufwendig nur im Labor produzierbaren Hochmanganstahl. Damit lassen sich nicht nur Autobleche noch dünner walzen, sondern auch andere Bauteile am Auto werden leichter. (...) Die Dillinger Hütte hat für Grobblech ein Herstellungsverfahren entwickelt, das für die Förderung von Öl- und Gasvorkommen einen Quantensprung bedeutet, die nur über Tiefseeleitungen erschlossen werden können. Das neue Produkt hält höheren Drücken und wesentlich niedrigeren Temperaturen stand. Lag vor einigen Jahren die Grenze für Seepipelines noch bei 300 Metern Tiefe, wurde im Golf von Mexiko eine Leitung bis zu 2 400 Meter tief verlegt.

Auch deutsche Technik für Windenergie wurde zum Exportschlager. Während die erste Anlagengeneration mit 15 Meter langen Rotorblättern für bescheidene 30 Kilowatt Leistung sorgten, sind die neuen Räder mit fünf Megawatt Leistung schon ein kleines Kraftwerk. Ohne erhebliche Entwicklungsarbeiten an den Stählen der Blätter wäre dieser Leistungssprung nicht möglich gewesen. Klasse statt Masse – das ist der einzige Weg, auf dem die Produzenten in der rasant wachsenden globalen Stahlwirtschaft bestehen können.

	Rohstahlproduktion 2006 in Mio. Tonnen	Umsatz 2006 in Mrd. Euro
1. Mittal/Arcelor (NL)	118	69,6
2. Nippon Steel (J)	34	29,2
3. JFE (J)	32	19,5
4. Posco (KOR)	31	19,5
5. Baosteel (CHN)	26	11,7
6. Tata Steel/Corus (IND/GB, NL)	24	15,7
7. U.S. Steel (USA)	21	12,5
8. Nucor (USA)	20	11,7
9. Tangshan (CHN)	19	-----
10. Riva (I)	18	9,5
11. Gerdau (BRA)	18	9,9
12. Severstal (RUS)	18	9,8
13. Thyssen-Krupp Steel (D)	17	17,2
14. Evraz Holding (RUS)	16	7,7

13736E

M 4: *Die größten Stahlproduzenten der Welt*

Heute hat die Energieerzeugung aus Wind einen Anteil von ein Prozent an der weltweiten Stromerzeugung; 2020 soll er auf 15 Prozent steigen. Deutschland hat die Mehrheit aller global aufgestellten Windkraftanlagen gebaut. 27 Prozent der in aller Welt installierten Leistung stammt aus deutschen Anlagen. Die Gründe dafür liegen nicht nur im technischen Know-how: Das Interesse Deutscher an der Aufstellung von Windrädern im Inland war wegen der zu erwartenden Rendite zunächst groß, was durch die garantierte Einleitung ins überörtliche Stromnetz und fixierte Zuschüsse noch verstärkt wurde. Doch der Markt war bald annähernd gesättigt, sodass ins Ausland expandiert werden musste.

Immer mehr Schwellenländer wie China und Indien interessieren sich für Windkraftanlagen. Der deutsche Energiekonzern Eon ist an einem Offshore-Projekt Großbritanniens vor der Mündung der Themse beteiligt. Auch die deutschen Anbieter Nordex und Repower verdanken ihre stürmische Entwicklung zunehmend dem Auslandsgeschäft, aus dem mittlerweile die Mehrheit der Aufträge kommt. Die Unternehmen profitieren von der Aufstellung größerer und leistungsfähigerer Anlagen, welche die alten ersetzen.

1. *Analysieren Sie das über den Globus gespannte Produktionsnetz des Volkswagen-Konzerns.*
2. *Erläutern Sie die Stellung des Maschinenbaus in der deutschen Wirtschaftsstruktur.*
3. *Diskutieren Sie den internationalen Rang und die Art der Produktion der deutschen Stahlindustrie.*

Deutschland ist seit Jahren der Weltmarktführer in der Solarindustrie. Die Zahl der Produktionsstandorte hatte sich 2007 in drei Jahren verdoppelt und die Produktion verfünffacht. Zwar waren Staaten, die das ganze Jahr über von der Sonne verwöhnt werden, Vorreiter in der Nutzung von Solaranlagen. Doch das Bewusstsein der Deutschen für die Bedeutung des Umweltschutzes ist weltweit führend und hat zu einem Umdenken geführt. Der Wissensvorsprung der deutschen Photovoltaik-Hersteller veranlasst ausländische Konkurrenten, Fertigungsstätten in Deutschland zu errichten. Die Konkurrenz fertigt mit deutscher Technik, denn jede zweite Maschine oder Anlage wurde in Deutschland hergestellt. Der Bedeutungszuwachs der Photovoltaik ist auf das 2004 in Kraft getretene Gesetz zurückzuführen, das die in das Netz eingespeiste erneuerbare Energie zu einem Festpreis vergütet. Deutsche Investoren setzen nach einer gewissen Sättigung des einheimischen Marktes verstärkt auf den Absatz im Ausland, wo etliche Staaten das deutsche Erneuerbare-Energien-Gesetz prinzipiell übernommen haben. 2004 bis 2007 ist der Umsatz der deutschen Solarwirtschaft im Ausland von 191 Mio. Euro auf eine Mrd. Euro gestiegen. Allerdings sind die Produzenten noch stark von den Importen der Solarmodule abhängig, die wegen des begrenzten Vorrates an Silizium und einer Nachfrage, die das Angebot deutlich übersteigt, teurer wurden. Mittlerweile liefert auch China Vorprodukte für die Fertigung von Solarmodulen.

	1990	2005	2020
Umsatz (Mio. Euro)	8	2 000	9 600
Investitionen bis zum Jahr (Mio. Euro)	15	6 000	70 000
Arbeitsplätze (direkt und indirekt)	k.A.	20 000	97 000
Installierte Leistung in Deutschland (MW)	1,4	1 200	25 000
CO_2-Reduzierung (Mio. t)	0,006	0,6	1,5
Jährlicher Zubau (MW)	0,55	430	3 500

M 1: *Solarindustrie (nur Photovoltaik) in Deutschland (2020 Prognosen)*

Weit weniger gut aufgestellt sind deutsche Unternehmen im Bereich Computersoftware. Vom Marktvolumen des westeuropäischen Softwaremarktes in Höhe von knapp 80 Mrd. Euro entfielen 17 Mrd. Euro (2006) auf Deutschland. Dass größte Wachstum mit Software verzeichnet der asiatische Raum. Gefragt sind vor allem Softwarelösungen für die Datensicherung, die Unterstützung von Geschäftsprozessen und Lösungen für das Thema „Business Intelligence", um die verstreut liegenden Daten eines Unternehmens zusammenzufügen. International dominieren hier noch die amerikanischen Firmen, abgesehen von SAP aus Deutschland.

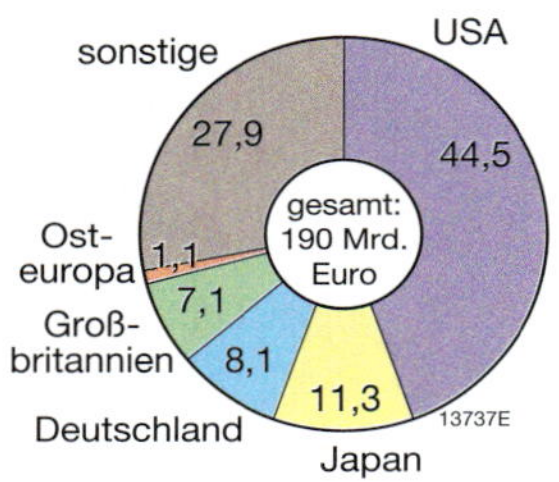

M 2: *Weltmarkt für Software (Anteil in %, 2004)*

Die Konkurrenten der deutschen Chemieunternehmen sitzen vor allem in den USA. Wenn diese Einbußen haben, wirkt sich das auch auf die Aufträge der Deutschen aus. In den Schwellenländern ist die Nachfrage nach Produkten der Chemieindustrie gewachsen. Im Nahen und Mittleren Osten erwächst Konkurrenz durch den Aufbau von Anlagen der Petrochemie, um vom Gas- und Ölexport unabhängiger zu werden. Auch die Konkurrenz in der Medizintechnik befindet sich überwiegend in den USA. Der hohe Rang der USA in der Pharmazie, Biotechnik, im Hightech-Bereich oder in der Chemie ist mit der guten finanziellen Ausstattung der Forschung zu erklären. Dort entwickelte Patente müssen von deutschen Firmen erst gekauft werden. Um konkurrenzfähig zu bleiben, nehmen auch in der Pharmabranche Fusionen, Akquisitionen und „feindliche Übernahmen" zu. In der Regel sollen dadurch Synergieeffekte erzielt werden, das heißt man ist weitgehend an der Erweiterung der Produktpalette oder an technischen Systemen interessiert, die die Nutzung optimieren. In der Pharmazie geschieht das vor allem auch, um Entwicklungskosten zu sparen.

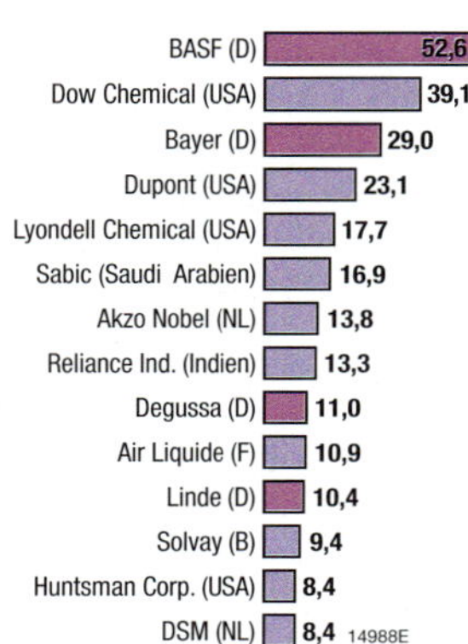

M 3: *Große internationale Chemieunternehmen (Umsatz in Mrd. Euro, 2006)*

Auch Fluggesellschaften haben nur noch dann eine Chance im globalen Wettbewerb, wenn sie mit anderen gleichartigen Gesellschaften fusionieren oder zumindest Allianzen bilden. Ein Beispiel ist die Star-Alliance auf Initiative der Lufthansa. Jüngste Beispiele für Zusammenschlüsse und Aufkäufe sind die Fusion von KLM und Air France (2004), die Übernahme der Swiss (ehemalige Swiss Air) durch die Lufthansa (2005) und Air Berlin mit dem Kauf von DBA, Germania und dem Ferienflieger LTU (2005–2007). Diese Prozesse führen zu einer Konsolidierung des Angebots an Fluggesellschaften. Nachdem die Europäische Union mit den Vereinigten Staaten ein Luftverkehrsabkommen geschlossen hat, wird der transatlantische Wettbewerb zunehmen. 2008 wurde der amerikanische Luftraum für Flugzeuge aus der EU geöffnet, die nunmehr Weiterflüge anbieten dürfen. Im Gegenzug können amerikanische Fluglinien ihre Zielflughäfen in Europa freier wählen.

Auch deutsche Bauunternehmen sind zunehmend international aktiv. Die Unternehmensgruppe Bilfinger Berger gehört zu den großen Baukonzernen und führenden Anbietern für große Ingenieurbauprojekte. Lokale Beteiligungsgesellschaften sind in europäischen Märkten tätig. Eine erweiterte Geschäftsleitung kümmert sich um das außereuropäische Ausland, vornehmlich in Australien und Afrika – so beim Bau der Stadtautobahn in Nigerias Metropole Lagos. Durch Akquisitionen wurden neue Dienstleistungsbereiche erschlossen, zum Beispiel die Wartung von Offshore-Plattformen in der Nordsee. Der Anteil der Leistungen, die Bilfinger Berger 2006 auf internationalen Märkten erbrachte, betrug 66 Prozent.

Hochtief ist der weltweite Systemführer bei komplexen baunahen Projekten. Die Aktivitäten umfassen vor allem den Bau von Flughäfen, die Beteiligung an privatisierten Flughäfen, das Management von Bauprojekten im Hoch- und Tiefbau sowie Dienstleistungen im Konstruktionsbereich. Ebenso wie Bilfinger Berger betreibt Hochtief Mautprojekte und konzentriert sich auf Immobilien und Verkehrsstrukturprojekte. Eine Tochtergesellschaft zählt zu den führenden Bauunternehmen in Brasilien, in Osteuropa wird seit einigen Jahren die Präsenz ausgebaut. Hochtief ist ein gutes Beispiel für angepasste Betriebsstrukturen. Früher nahm man die Firma vorrangig bei Straßenbauten zur Kenntnis, heute beim Bau von Flughäfen.

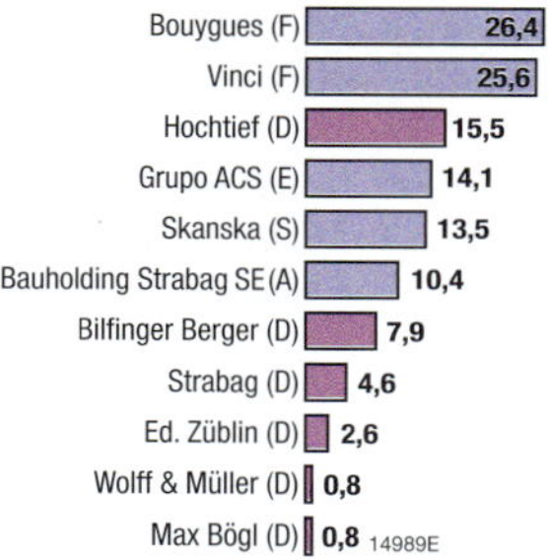

M 4: *Große europäische Bauunternehmen (Umsatz in Mrd. Euro, 2006)*

M 5: *Der Aufstieg der deutschen Handelsflotte begann ab 1990 mit dem Aufstieg der Containerschifffahrt. 2006 war Deutschland mit 1280 Containerschiffen die Nummer Eins auf der Welt. Der Ausbau der Containerschifffahrt, die immer längere und breitere Schiffe mit größerem Tiefgang einsetzt, führte zur Ausweisung neuer Hafenflächen und Kaianlagen in Hamburg. Der florierende Welthandel, mit verursacht durch den industriellen Aufbau der Schwellenländer, wird die Containerschifffahrt weiter begünstigen.*

Anhang

Ausgewählte Literatur

BÄHR, J.: Binnenwanderungen. Geographische Rundschau 6/2003, S. 4–8

BURDACK, J.: Kleinstädte im Abseits? Geographische Rundschau 6/2007, S. 34–43

DANIELZYK, R. UND WIEGANDT, C.-C.: Das Emsland – ein prosperierender ländlicher Raum. Geographische Rundschau 3/2005, S. 44–51

GANS, P. UND KEMPER, F.-J.: Ost-West-Wanderungen in Deutschland – Verlust von Humankapital für die neuen Länder? Geographische Rundschau 6/2003, S. 16–18

HAAS, H.-D. UND NEUMAIR, S.-M.: Die europäische Montanindustrie. Geographische Rundschau 12/2005, S. 38–45

HAAS, H.-D. UND NEUMAIR, S.-M.: Wirtschaftsgeographie. Darmstadt: Wissenschaftliche Buchgesellschaft 2007

KEMPER, F.-J.: Binnenwanderungen in Deutschland. Rückkehr alter Muster? Geographische Rundschau 6/2003, S. 10–15

KRAJEWSKI, C., REUBER, P., WOLKERSDORFER, G.: Das Ruhrgebiet als postmoderner Freizeitraum. Geographische Rundschau 1/2006, S. 20–27

KULKE, E.: Grundriss Allgemeine Geographie: Wirtschaftsgeographie. Paderborn: Schöningh 2007

POHL, W. UND PONTHÖFER, L.: Innovationsraum Ruhrgebiet. Berlin: Cornelsen 2002

PLAHUTA, S. UND HALDER, G.: Wirtschaftliche und soziale Folgen der Deindustrialisierung – das Beispiel Stuttgart. Geographische Rundschau 6/2006, S. 32–42

PRIES, M.: Vom Hafen zur City – städtebauliche Projekte im Hamburger Hafen. Geographische Rundschau 6/2006, S. 22–30

SCHÄTZL, LUDWIG: Wirtschaftsgeographie 1: Theorie. Paderborn: Schöningh 2003

SCHAMP, E. W.: Die Autoindustrie auf dem Weg nach Europa. Geographische Rundschau 12/2005, S. 12–19

SCHÖPKE, H.: Raumwirksame Wirtschaftsstrukturen in Deutschland. Donauwörth: Auer 2006

TZSCHASCHEL, S. UND HANEWINKEL, C.: Der mitteldeutsche Wirtschaftsraum zwischen industriellen Netzwerken und Marketingkonstruktion. Geographische Rundschau 6/2007, S. 18–27

WEHLING, H.-W.: Aufbau, Wandel und Perspektiven der industriellen Kulturlandschaft des Ruhrgebiets. Geographische Rundschau 1/2006, S. 12–19

Register

fett – definierender oder erläuternder Text in Marginalspalte

Quellentextverzeichnis

6 Ludwig Schätzl: Wirtschaftsgeographie. In: Gabler-Volkswirtschaftslexikon. Wiesbaden: Gabler, 1996. S. 1295

9 M5 Elmar Kulke: Wirtschaftsgeographie. Paderborn: Schöningh, 2008. S. 29–30

11 M4 Hans-Dieter Haas und Simon-Martin Neumair: Wirtschaftsgeographie. Darmstadt: WBG, 2007, S. 51

12 Karl Christian Behrens: Allgemeine Standortbestimmungslehre. Opladen, 1971. S. 7

12 Wolfgang Brücher: Industriegeographie. Braunschweig: Westermann, 1984. S. 36

12 Hans-Dieter Haas und Simon-Martin Neumair: Wirtschaftsgeographie. Darmstadt: WBG, 2007. S. 13

13 Eike W. Schamp: Industrie im Zeitalter der Globalisierung. Geographie heute H. 155 / 1997, S. 2 ff

14 M2 Hans-Dieter Haas und Simon-Martin Neumair: Wirtschaftsgeographie. Darmstadt: WBG, 2007, S. 75–76

16 M1 Marion Eich-Born: Deutschlands Regionen zwischen Strukturwandel und Strukturbruch. Praxis Geographie 2 / 2005 S. 5–6

26 M1 Sabine Tzschaschel, Christian Hanewinkel: Der mitteldeutsche Wirtschaftsraum zwischen industriellen Netzwerken und Marketingkonstruktion. Geographische Rundschau 6 / 2007, S. 20–21

26 M2 W. Gaebe, G. Halder, K. Kulinat, B. Lenz, S. Strambach: Glossar zur Wirtschaftsgeographie, 2002

27 Central European Chemical Network: Clusteratlas – Das Zukunftscluster Chemie / Kunststoffe Mitteldeutschland, 2007

27 Elmar Kulke: Wirtschaftsgeographie. Paderborn: Schöningh, 2008. S. 125

29 M5 Elmar Kulke: Wirtschaftsgeographie. Paderborn: Schöningh, 2008. S.161–163

32 M1 Harald Bathelt, Johannes Glückler: Wirtschaftsgeographie. Stuttgart: Ulmer, 2003. S. 63

36 M2 Hans-Ulrich Jung / Klaus-Jürgen Hentschel: Regionalbericht Norddeutschland 2005. Hannover 2005. S. 28 / 29

39 M3 Monikia Popp: München – boomende Stadtregion mit „Schönheitsfehlern“. Geographische Rundschau 6 / 2006 S. 14–15

41 M4 Simone Plahuta, Gerhard Halder: Wirtschaftliche und soziale Folgen der Deindustrialisierung – das Beispiel Stuttgart. Geographische Rundschau 6 / 2006 S. 34

42 Berlin-Institut, DEMOS Newsletter vom 11.9.2007 www.berlin-institut.org

43 Gabor Steingart: Weltkrieg um Wohlstand. Wie Macht und Reichtum neu verteilt werden. München: Piper 2006, S. 192

44 M2 NordLB, Niedersächsischen Institut für Wirtschaftsforschung: Wind im Rücken – die Maritime Wirtschaft in der Wachstumsregion Ems-Achse, 2007 www.niw.de / publikationen / gutachten / 2007 / 12_2007 / Maritime_Wirtschaft_Ems_Achse.pdf

46 M2 Joachim Burdack: Kleinstädte im Abseits. Geographische Rundschau 6 / 2007, S. 34

49 M3 Hans-Ulrich Jung: Regionalmonitoring Niedersachsen Regionalreport 2007. Niedersächsisches Institut für Wirtschaftsforschung, S. 109

50 M3 Hans-Ulrich Jung: Regionalmonitoring Niedersachsen Regionalreport 2007. Niedersächsisches Institut für Wirtschaftsforschung S. 3–4

52 M2 Hanns-Ulrich Jung: Regionalmonitoring Niedersachsen Regionalreport 2007. Niedersächsisches Institut für Wirtschaftsforschung S. 116

53 M3 Ludwig Schätzl, Thomas Schröder T.: Trends in der Wirtschaftsentwicklung Niedersachsens. Geographische Rundschau 5 / 2000 S. 6–7

55 M3 Hans-Ulrich Jung: Verdichtungsräume als Wachstumszentren? Niw-info 4 / 2007 S. 7 www.niw.de

65 M4 Christian Ernst (Hrsg.): Siedlungsgeographie. Berlin: Cornelsen 2007, S. 117

70 M1 Hans-Ulrich Jung: Wirtschaftlicher Strukturwandel und regionale Entwicklung in Niedersachsen seit Anfang der 1980er-Jahre. Geographische Rundschau 5 / 2000 S. 9–10

71 M3 Steffi Robak: Ostdeutsche Textilbranche wächst weiter. Leipziger Volkszeitung 1.6.2006, S. 6

77 M4 Gerwin Zohlen: Eine Erlebnisumgebung mit kontrollierter Temperatur. DIE ZEIT Nr: 36 / 93, S. 48

80 M1 Steffen Winter: Altlasten: Chemischer Zoo. Der Spiegel 23.12.2005, S. 36

83 M5 Birgit Gehrke: Wissensintensive Wirtschaft in Deutschland unter Importdruck geraten! Niw-Info 4 / 2007 www.niw.de

85 M5 Gabor Steingart: Weltkrieg um Wohlstand. Wie Macht und Reichtum neu verteilt werden. München 2006, S. 253–255 (Auszug)

88 M1 Rüdiger Köhn: Hochkonjunktur. Frankfurter Allgemeine Zeitung 1.4.2007

89 M3 Werner Sturbeck: Klasse statt Masse. Frankfurter Allgemeine Zeitung 1.10.2007

Abbildungsverzeichnis

Bildnachweis

AMD, Dresden: 23 M5 (Sven Döring);
AP, Frankfurt / M.: 59 M3 (Jörg Sarbach);
Caro Fotoagentur, Berlin: 5 (Oberhäuser);
CentrO, Oberhausen: 76 M2;
Daimler AG, Stuttgart: 40 M2;
DB AG, Berlin: 62 M1 (Horn);
DLR, Oberpfaffenhofen: 48 M1;
Gesamtverband der Textilindustrie, Eschborn: 71 M4 (P. Windstoßer);
HafenCity Hamburg GmbH: 72 M1, 73 M2 (ELBE&FLUT);
Hapag-Lloyd AG, Hamburg: 91 M5;
Meyer Werft, Papenburg: 44 M3 (M. Wessel);
picture-alliance / dpa, Frankfurt / M.: 23 M4 (Felix Heyder), 31 (Armin Weigel), 69 (Patrick Seeger);
picture-alliance / Helga Lade Fotoagenturen, Frankfurt / M.: 17 (Ott);
picture-alliance / Photoshot, Frankfurt / M.: 86 M1 (Bandphoto);
PUNCTUM: 78 M1 (Bertram Kober);
Volkswagen Logistics: 81;
Volkswagen Media Services, Wolfsburg: 66 M1.